社会的入院から地域へ

精神障害のある人々のピアサポート活動

特定非営利活動法人
こらーるたいとう・代表
加藤真規子 著

現代書館

社会的入院から地域へ＊目次

第一章　障害者権利条約と精神障害がある人々

はじめに

障害者概念や障害に対する認識、社会制度、人権意識は歴史の生成から創出される。わが国の精神医療保健福祉は精神障害者に対する社会防衛と治安維持の思想、すなわち「危険な精神障害者は地域社会を守るために隔離収容し、監視しなければならない」という隔離収容主義を基盤として成立している。わが国の精神障害者は、地域社会であたりまえに市民として暮らすことが極めて困難な歴史を歩んできたといえるだろう。

いまだにわが国における精神科病院入院患者数は約三一・三万人（平成二十八年度の『厚生労働省白書』推計）と世界でも突出して多い。また欧米では最高でも入院日数は六週間といわれる時代にあって、入院者中二〇万人が一年以上の入院という極めて異常な事態となっている。さらには精神科における医師の数は他科の三分の一、看護師の数は三分の二でよいという精神科特例、公的な資格・免許・許認可を受けるにあたって事前に排除されるべき条件を規定する欠格条項、再犯予測が可能という前提の下に予防拘禁・隔離収容を規定した心神喪失者等医療観察法などの法律や制度による差別が厳然と存在し、そのため社会的差別・偏見も根強く、精神障害者が地域社会で生活していく上での社会的障壁は実に大きいといわざるを得ない。

第1節　精神障害者ピアサポートセンターこらーるたいとうの活動
——地域社会の中の差別意識と向き合うことの重要性

「こらーるたいとう」は、精神障害がある人々が身体障害や知的障害がある人々、一般市民と共に運営している精神障害者ピアサポートセンターである。一九九八（平成十）年八月に開所し、二〇〇一（平成十三年）四月に特定非営利活動法人格を取得し、特定非営利活動法人こらーるたいとう（以下、「こらーるたいとう」）と改称している。

日常的な「わかちあい」を続けて、「私」の活動から「私たち」の活動に高めていきたい。仲間同士が励まし合い、喜び合い、笑えるようになったらいい。わかちあいとは自分を主語にして、自分の感情を中心に語り合い、聴き合うミーティングである。時間を誰かが多くとってしまったり、そこで語られたことを漏らしたり、誹謗中傷することは厳禁とされている。

精神障害がある人々のわかちあいのとき、「精神病」とか「幻聴」という言葉を使う人々はほとんどいない。本人には聞こえたり、感じていることは確かである。けれども他の人には聞こえないし、感じることはできない。聞こえること、感じることに苦しみが多いのは、人間の歴史、人間が生きていくことに苦しみが伴うからだ。

本人が聞こえること、感じていることを安心してオープンにでき、「楽になる権利」を自覚することが重要だ。同じ体験をもつ人間すなわち仲間がいることを知ることは、精神障害がある人々にとって、生き抜くための励ましとなり、勇気・エンパワメントとなる。マイナスだと考えていた体験が、仲間に伝えていくことでプラスに昇華する。「聞こえる（幻聴）」「感じる（幻覚や妄想）」が問題なのではなく、そのことが本人の自信を奪ったり、差別されたり、周囲の人々との関係を悪化させることが問題なのである。人と競争したり、走ってばかりいないで、立ち止まって「自分のこころの声を聴くこと」が大切だ。また「行動すること」と同じように「休むこと・メンテナンス」が重要なのが人の暮らしだ。私にとって「こらーるたいとうとは何か」と問われたら「ゆっくりと自然に帰っていった歳月」であり、仲間であり、安全な居場所であった。

本来の自分の力に気づくと、周囲との関係が変化する。精神障害がある人々が「自分を安心して語れる場」「語りの聴き手」をもつことにより、「トラウマ」「生活のしづらさ」「人生の喜怒哀楽」「恋愛について」「性について」「死について」を語り始めた。どれも人間にとって大切なことである。苦しい時に「苦しい」と叫ぶことができる人間関係を網の目のようにつくっていくことが「リカバリー（回復）への扉」を開く。そして体験の幅を広げて、自信を取り戻し、権利意識を形成していく。

「人権」は、精神障害がある人々が主体者として立ち上がることから変化していく。「苦労する権利」「危険にチャレンジする権利」「安心する権利」「生きがいを持つ権利」「楽しむ権利」「失敗をする権利」「リラックスする権利」「自分を一番愛する権利」などの自由権を自覚する。そして精神障害がある人々を取り囲む構造的な差別――先述の医療法の精神科における差別的な基準、社会的保安処分ともいえる欠格条項、他障害から著しい遅れをとった社会福祉、社会的長期入院者を八万人近く抱える閉鎖的な精神医療、措置入院を合法化している精神保健福祉法、再犯予測は成立するという前提の下に予防拘禁・隔離収容を規定した心神喪失者等医療観察法など――枚挙の暇がないほどの凄まじい状況に精神障害がある人々は置かれている。こうした状況のなかで、精神障害がある人々の社会権を回復していくことこそ、ノーマライゼーションの理念と合致することはいうまでもない。それを指標として私たちは伝え続けていかなくてはならない。精神障害や知的障害がある仲間のことを。彼らが生きてきた歴史を。社会の人々に忘れられないためである。

第2節　こらーるたいとうのめざすもの
――障害者権利条約（人権意識）に立脚した法制度を構築していこう

社会的入院とは医学的には入院の必要がなく、在宅での療養が可能であるにもかかわらず、ケアの担い手がいないとかや引き取り手がいないという理由により病院で生活している状態をいう。社会的入院は社会的排除であり、長期入院により起きる施設症は精神科病院や施設では治せないことを明確に示したのが、ノーマライゼーションの思想である。脱施設化が目標にするのは、地域社会に対等な人間関係を築くことである。

二〇〇一年、WHO国際障害分類（ICIDH）が国際生活機能分類（ICF）に改定され、障害のある人々の心身機能・活動・社会参加の向上に「環境」の整備が重要であることが世界の共通認識になった。一九八〇（昭和五十五）年にWHOが公表した国際障害分類は機能障害→能力障害→社会的不利という一方通行の三つの段階で障害を理解しようとする概念である。一方、国際生活機能分類は人間と環境との相互作用を基本的な枠組みとして、人の健康状態を系統的に分類するモデルである。特に家族や友人や地域住民の態度・支援、そして社会的意識等「人的環境」を改善することが急務とされる。障害者がどのような特性をもつかではなく、周囲がその特性をどう意味づけ、かかわるかが問われているのである。大切なことは障害者の特性と環境との相互作用であり、相互作用が双方に与える影響なのである。

わが国においても、岡村重夫は「社会福祉とは、生活者の自己貫徹に対して最終的な責任を負う社会制度であり、社会的援助行為である。社会福祉の固有の視点とは、生活者としての個人が社会生活の基本的要求を充足するため社会制度に取り結ぶ社会関係の主体的側面である。社会生活の基本的要求とは、①経済的安定、②職業的安定、③家族的安定、④保健医療の保障、⑤教育の保障、⑥社会参加ないし社会的協同の機会、⑦文化・娯楽の機会、である。そして社会福祉における生活とは、個人が社会生活上の基本的要求を社会制度を利用することによって充足する過程であり、この社会制度を取り結ぶ社会関係の主体的側面からの社会福祉固有の視点は社会的援助の原理であり、生活問題を①社会性の原理、②全体性の原理、③主体性の原理、④現実性の原理からとらえ、この四つの原理に基づいて社会福祉的援助を展開する」と、生活者の主体性を尊重することを主張した（岡村、一九八三）。

ノーマライゼーションの思想は、障害がある人々が人間として尊ばれ、障害がない人々と同じ生活を営むことができるよう社会のあり方を変えることである。ノーマライゼーションの思想に基づく実践の一つが脱施設化である。脱施設化とは支援される人と支援する人との対等な社会的・文化的・経済的な関係を構築することを目標とした実践といえるだろう。このように脱施設化こそ障害者のエンパワメントの最大の機会であり、権利であるという認識を当事者とともに行政や専門職や一般市民とも共有したいものだ。

二〇〇六（平成十八）年十二月、国連総会において障害者権利条約が採択された。そしてわが国も二〇一三（平成二十五）年批准し、二〇一四（平成二十六）年発効した。わが国では日本国憲法を頂点として、国際条約は憲法と一般法の中間に位置する。原則的に批准し発効した条約と乖離した法制度を改正しなくてはならない。

障害者権利条約は「この条約は、すべての障害者によるあらゆる人権及び基本的自由の完全かつ平等な享有を促進し、保護し、及び確保すること並びに障害者の固有の尊厳の尊重を促進することを目的とする」（第一条目的）と謳っている（訳文は川島聡・長瀬修仮訳（二〇〇八年五月三十日現在）による。以下同様）。

第二条では、障害に基づく差別とは「障害に基づくあらゆる区別、排除または制限であって、政治的、経済的、社会的、文化的、市民的その他のいかなる分野においても、他の者との平等を基盤としてすべての人権及び基本的自由を認識し、享有しまたは行使することを害しまたは無効にする目的または効果を有するものをいう。障害に基づく差別には、合理的配慮を行わないことを含むあらゆる形態の差別である」と定義される。

一般的原則は（a）固有の尊厳、個人の自律（自ら選択する自由を含む）及び個人の自立の尊重、（b）非差別、（c）社会への完全かつ効果的な参加及びインクルージョン、（d）差異の尊重、並びに人間の多様性の一環、及び人類の一員としての障害者の受容、（e）機会の平等、（f）アクセシビリティ、（g）男女の平等、（h）障害のある子どもの発達しつつある能力の尊重、及び障害のある子どもがそのアイデンティティを保持する権利の尊重、である。障害者権利条約を徹底させるために、締結国は国内的なモニタリング機構を設置すること（第三十三条）という条文も設けられている。

第十四条では「障害を理由にして自由を剝奪することは認めない」と規定されている。なぜ一般市民は強制入院させられないのに、精神障害者だけ強制入院させられるのかという差別性を障害者権利条約第十四条は指摘しているのである。一九九一（平成三）年、国連「精神障害者の保護及びメンタルヘルスケア改善のための原則」では、原則16「非自発的入院」は、判断能力がなくなってしまっていること、非常に重篤な症状にあることとされる。入院以外に治療方法がない、他の治療手段がない、が要件とされた。しかし国連原則は“Nothing about us without us”という原則に基づかないで作られてしまった原則である。

障害者権利条約第十二条では、人間の判断能力、法的能力はみんな平等としている。人間の判断能力に違いがあるように見えるのは、実はその人がどのくらい社会的な支援を受けているかで判断の結果や過程に違いが生じるからである。充実した社会的支援を受けている人はよく考えてよく決めることができるが、孤立して貧しい資源しか持っていない人はよく考えることができないし、よく決めることができない。だから能力が高そうな人と低そうな人がいるのは、実は障害者権利条約の視点から考えると、その人に精神障害があるからとか、知的障害があるからということではなくて、その人がいかに豊富な社会的な支援システムに守られているのか、あるいはそこから疎外されているのかという違いとして理解すべきだと示唆している。

判断能力がないと判定する前提としては、十分な意思決定支援が尽くされていることが極めて重要である。障害者権利条約では、判断能力が乏しいといわれる人たちほど社会的な意思決定支援のシステムから疎外されているのであり、経験を積んだり、知識を蓄積したり、あるいは相談できる仲間をたくさん持ったり、といったことをもっと補充して充実させることが、障害者権利条約第十二条の前提として求められている。

そして障害者権利条約の第十九条は「自立した生活（生活の自律）及び地域社会へのインクルージョン」についての権利を定めている。「障害があるすべての人に対して、他の者と平等の選択の自由を有しつつ地域社会への障害のある人の完全なインクルージョン及び参加を容易にするための効果的かつ適当な措置をとる」こととされている。第十九条の実現に向けて障害者に保障される権利を以下に示すと、（a）障害のある人が他の者との平等を基礎として居所及びどこで誰と住むかを選択する機会を有すること、並びに特定の生活様式で生活することを義務づけられないこと。（b）障害のある人が、地域社会における生活及びインクルージョンを支援するため並びに地域社会からの孤立及び隔離を防止するために必要な在宅サービス、居宅サービスその他の地域社会支援サービス（パーソナル・アシスタンスを含む）にアクセスすること。（c）一般住民向けの地域社会サービス及び設備が、障害のある人にとって他の者との平等を基礎として利用可能であり、かつ、障害のある人の必要に応ずること。

わが国の精神障害者施策の隔離収容主義や知的障害者施策の入所施設中心主義を変革させるために、障害者権利条約を梃《てこ》にして障害がある人々の地域自立生活支援システムを構築することが可能となったのだ。

精神障害がある人々が人権を確立して、地域自立生活を形成するためには、所得保障、住居の確保、ホームヘルパーなど社会制度や福祉サービスの整備が必須である。そして生活の主体者として自らの権利を認識して主張していくこと、また自らの意思によりサービスを選択できる自己決定を支援していくことが重要である。特に認識しておかなくてはならないことは、精神医療・精神保健福祉は専門性が尊ばれて、精神障害への実践の道筋は専門職によって語られ、精神医療が社会福祉を巻き込む形で展開して、精神科病院はもとより、地域社会までもが精神医療に取り込まれてきた。精神障害がある人々の自己決定を尊重することに真に価値を認めるのであれば、精神障害がある人々が「私の人生の主人公は私自身である」ことを支援するシステムが必要である。

長い間、精神科病院や施設での生活を強いられてきた精神障害がある人々は、人生の大切な時間を隔離収容主義の精神保健福祉施策に奪われてきた。そして極めて劣悪で受動的な環境に置かれてきたために、自らの感情や希望や目標が明確化できなくなっていることが多い。それゆえに精神障害がある人々が深い無力感に悩みながらも、さまざまな主張や視点を必死に、積極的に発言していくことは、それ自体で大変意義深い営みである。その極めて日常的で、平凡な営みを重ねていくことこそ、新しい展開を導く道筋であるに違いないと期待して、紆余曲折しながらも、私たちはこらーるたいとうの活動を続けてきたのである。

第3節　精神障害があるときも、あたりまえに社会で暮らしたい

精神保健福祉法の二〇一三年改正は、①精神障害者の医療の提供を確保するための指針を厚生労働大臣が定めること、②保護者制度の廃止、③医療保護入院の見直し、④精神医療審査会の見直しなどである。

精神保健福祉法では保護者制度を規定していた。精神障害がある人々の入院・退院・地域社会での生活の面倒をみることを家族に押しつけてきた。逆にいえば、精神障害がある人々の主体性をいかに奪ってきたことか。このような保護者制度をもつ国は世界でもまれである。精神保健福祉法の二〇一三年改正で、保護者制度は、名目上は廃止となった。しかし医療保護入院の実態は極めてひどいものとなってしまった。一人の医師が判断し、三親等の家族が一人同意すれば、患者を精神科病院へ医療保護入院させることができるとしたのである。医療保護入院も患者の立場からすると強制入院である。

保護者制度は、初めは一九五〇（昭和二十五）年に制定された精神衛生法のなかで保護義務者制度として設けられた。自傷他害の防止を保護義務者の義務とするなど家族に重い負担を強いた。

法改正を重ねるなかで保護者の義務の軽減がはかられてきて、二〇一三年の改正により、保護者制度は廃止された。

精神保健福祉法は何のためにあるかといえば、強制入院つまり措置入院、医療保護入院を精神障害がある人々にさせる根拠法としてである。任意入院すらも隔離拘禁するのだから、自由入院とはいい難い。

三一万床という世界一の病床の多さ、社会的入院者のことが社会問題となって久しい。そして精神科病院に入院している人々が年に約一万人亡くなっているのである。精神障害がある人々を隔離拘禁し、差別的な低い基準で入院させてきたことも、地域社会にあっては数々の欠格条項で縛りつけてきたことも、人権侵害であり、憲法違反である。

障害者基本法が制定されてから二〇年間、精神科病院の敷地内に造る「こころのケアホーム」、病棟転換の「退院支援施設」という、精神科病院を存続させるための計画が何度も提案されてきた。今回また「病棟転換型居住系施設」という精神科病棟を介護精神型施設、宿泊型の自立訓練施設にしていくものが提案され、検討会が開催され、「地域移行支援型グループホーム」という名称で制度化されてしまった。どこまで精神障害がある人々を貶めるつもりなのだろうか。

精神障害がある人々に対する隔離収容主義がもたらした現実は、医療法の精神科特例を根拠とした①劣悪な医療、②一般病床からの医療拒否、③地域社会における人間関係や役割からの排除である。何よりも深刻なのは偏見と差別を正当化し、誤った社会認識をつくりあげ、地域社会と精神障害がある人々との間に障壁を築き上げてしまったことだ。私たちは、社会の認識や判断が間違っていることを地域社会に気づいてほしい。そして憎しみや偏見や差別の連鎖を断ち切って、「精神病の患者も他の病気と同様にあたりまえに患者としてのケアが必要であり、尊重され、大切にされる権利がある」という素朴で正当な理念こそ、社会の基盤にしたい。

精神障害者への隔離収容主義は、一九〇〇（明治三十三）年に制定された精神病者監護法からわが国の法制度の根幹となっている。障害者権利条約を批准し発効したのであれば、すでに精神保健福祉法の存在は極めて矛盾したものであることは明白である。精神病も一般医療の中に組込まれなければならない。精神障害も他障害と何の格差もつけられず、障害者総合支援法等の法制度を利用できるようになるべきである。精神障害があるときも、地域社会で生きることを当然とした社会制度・社会変革を多くの人々と連なって実現したい。

第二章　日本の精神障害者の現在

第1節　隔離収容主義がもたらした現実

一九九三（平成五）年に制定された障害者基本法によると、「全ての障害者が障害者でない者と等しく基本的人権を享有する個人としての尊厳を重んぜられ、その尊厳にふさわしい生活を保障される権利を有する」「全ての障害者は社会を構成する一員として社会、経済、文化その他あらゆる分野の活動に参加する機会が確保されること」「全ての障害者は可能な限り、どこで誰と生活するかについての選択の機会が確保され、地域社会において他の人々と共生することを妨げられないこととする」（第三条）と規定されている。しかし日本の精神医療は、この原則を精神障害者に十分保障しているとはいえない。精神障害者の「医療と保護」を趣旨とする精神保健福祉法の下で、隔離収容主義の施策が続き、地域社会で生活できるはずの多くの精神障害者が長期入院をさせられている。

先進国では一九六〇年代以降精神科病院を縮小・廃止し、地域社会で精神障害者を支える施策へと転換してきた。翻って日本では、経営優先の民間精神科病院に多くの患者を長期に収容させ、精神障害者が地域社会で生活することを閉ざしてしまった。

また三二万人が精神科病院に入院しているが、そのうち強制入院患者（措置入院と医療保護入院）が約一三万人（約四割）である。しかも、強制入院手続きは二〇一三（平成二十五）年の精神保健福祉法の改正で簡略化された。二〇万人以上の人が一年以上入院しており、毎年五万人が退院しているが、約一万人が死亡退院である。国は二〇一二（平成二十四）年までに社会的入院者七万人を退院させるとしていたが、実現できていない。

第一の問題が、精神科病院における絶えざる人権侵害である。一九八四（昭和五十九）年に明らかになった宇都宮病院事件はその顕著な例であり、病院職員が入院患者に暴行を加え死亡させたもので、日本国内外を問わず大きな衝撃と恐怖を与え、精神障害者の人権について再考する機会をもたらした。

この事件は一九八七（昭和六十二）年に、これまで精神障害者の人権を護ることに配慮がなされていなかった精神衛生法を改め、精神障害者の社会復帰促進とともに人権の保護が掲げられた精神保健法を日本政府に制定させた点でその影響力は大きかった。しかし精神保健法、一九九五（平成七）年に制定された精神保健福祉法は、精神障害者の人権保護を謳っているにもかかわらず、精神科病院における入院患者の人権侵害を撤廃することはできなかった。

大阪府にある大和川病院では一九九三年に明るみになった入院患者への傷害致死などの事実が

あった。大和川病院はこれ以前にも、安田病院時代から暴行事件があり、また大和川病院に名称変更した後も、一九七九（昭和五十四）年に患者暴行殺害、一九八〇（昭和五十五）年にも頭部打撲で不審死があり、一九九三年の事件へとつながったようだ。しかし精神医療審査会や大阪府はこの事実を放置していた。大和川病院が医師や看護師の数を水増しし診療報酬を不正に受給していたこと、医療従事者の不足から満足な治療が行われていなかったこと、患者に対して懲罰的な行為をおこなっていたことなどの事実を明らかにしたのは、第三者機関として活動していた大阪精神医療人権センターであった。大阪精神医療人権センターのこの活動は、一九九九（平成十一）年の精神医療審査会の改善等、精神保健福祉法を改正させる契機となった。

千葉県にある石郷岡病院で、二〇一二（平成二十四）年一月一日、二名の准看護師が、男性統合失調症の入院患者を暴行した。男性は下半身が麻痺して暴行の二日後に救急搬送された。その後、男性は自力呼吸ができなくなり寝たきりの状態になってしまった。そして二〇一四（平成二十六）年四月二十八日に療養先の病院で死亡した。二〇一五（平成二十七）年七月八日、石郷岡病院の二名の准看護師は傷害致死の疑いで逮捕された。

東京都においても、都立松沢病院職員の患者への暴行事件がある。二〇一四年二月二十八日、都立松沢病院（八九〇床）は「精神科に勤務する五十代の男性看護師が、少なくとも入院患者四人に対して、『死ね』などの暴言を吐き、顔を殴るなどの暴力をふるっていた」と発表した。しかし同病院がその看護師に下した処分は停職一五日という極めて軽いものだった。

第2節　心神喪失者等医療観察法

大阪教育大学附属池田小学校児童殺傷事件を契機として、二〇〇三（平成十五）年七月十六日、心神喪失者等医療観察法が制定された。この法律は、「精神障害の改善」及び「社会復帰の促進」という目標を謳っている。しかしその目標に適う政策は、WHOが勧告するように、地域医療化だ。一般医療よりも質の低い医療、看護、福祉ではなく、一般医療並みの質の確保であり、専門性をもった高質の医療、看護、福祉の実現だ。ところが心神喪失者等医療観察法は、「精神障害の改善」および「社会復帰の促進」の名の下に新たな患者隔離規定を設けた。刑法第三十九条第一項の規定により処罰することが許されないはずの人のうち、「再犯のおそれ」が認められる「精神障害者」については、国は、期限なしの閉鎖病棟への隔離収容と、強制治療を認めてしまった。

重大な犯罪（他害）においてであっても、精神障害者の犯罪率が高率だとする根拠はない。「再犯のおそれ」が認められても、「精神障害者」でなければ、強制処分を受けることはない。なぜ、精神障害者にだけ許されるのだろうか。「精神障害者は危険だ」という誤った認識がここでも前提となっている。差別・偏見が新たな精神障害者隔離規定を求め、新たな精神障害者隔離規定が差別・偏見をさらに拡大する。

精神障害者の犯罪率は極めて低い。だが殺人や放火に限っていえば、精神障害者が占める割合は高い。精神障害者による殺人の場合、その被害者の約七〇％が近親者だ。放火の場合、対象が自宅であることがしばしばある。このように家族間の葛藤が主な原因となっているといえるだろう。治療を受けていないか、あるいは中断中であった場合が多いと考えられ、適切な医療を受けることができていれば、かなりの部分は犯罪までに至ることはなかったのではないかと思われる。また再犯率も一般犯罪率の四分の一程度といわれる。このように精神障害者の再犯のおそれだけを取り上げる心神喪失者等医療観察法には合理的根拠はない。

憲法第三十二条は、何人に対しても裁判所において裁判を受ける権利を保障しており、この裁判所は裁判官によって構成されると定められている。また裁判は公開の法廷でおこなわれるのが原則である。しかし医療観察法の審判は非公開である。対象者の自由を制限審判の結果、対象者が犯罪をおこなっていないと判断されても、刑事裁判の場合とは異なり、審判の間、身体を拘束されていた対象者に対する刑事訴訟法上の補償は一切ない。しかも二〇一三年精神保健福祉法改正では廃止された保護者制度が、医療観察法にそのまま移行して制度化された。

第3節　障害者虐待防止法の重大な問題点

二〇一二年十月から障害者虐待防止法（「障害者虐待の防止、障害者の養護者に対する支援等に関する法律」）が施行された。

二〇〇九（平成二十一）年度に日本社会福祉士会が行った調査報告書によると、「権利擁護が必要と思われた事案、あるいは権利侵害への対応が必要と思われた事案」に相談支援事業所・生活支援センターが答えた内容を見ると、経済的搾取の問題（四二・一％）、本人の意思決定に関する問題（三七・三％）、経済的困窮に関する問題（三六・六％）、世話の放棄・ネグレクト（三六・三％）が上位を占めている。

上田晴男は障害がある人々への支援について、次のように示唆している。

「①何らかの障害があるために、自分たちがなぜ困っているのかがわからない、あるいは、社会的な評価としては『普通の生活』状態ではないにもかかわらず、自分たちではそのこと自体に気付いていない人たちは、相談するということへの意味がわからない、むしろ、本人の状態やその生活状況等から社会的には疎まれ、他者からのかかわり自体に警戒心をもっているかもしれない。ここでの相談支援は、相談者の相談内容への対応以前の、相談することが必要な人たちを見つけ出し、その人たちに社会的な支援との『関係性』を確保することが大きな役割である。②自らの行動や生活を改善したいと思いながらも、その障害やこれまでの生活及び人間関係等の社会的な経験の質から、改善することが難しい状況にあり、何度も同じような失敗をして、困窮状態に陥ってしまう人たちへの支援がある。具体的には触法行為（行為の社会的評価としての『触法行為』を含む）を繰り返してしまう人や働くことの意欲が見つけにくい人たち等だ。まず日常生活の維持を図り、繰り返す失敗に付き合い、見捨てることなく、社会的な支援とのつながりを確保することが求められる。労多くして即時的な成果は少ない支援ではあるが、本人はこの支援の糸を頼りに生き続けていくことができる。こうした人たちへの支援についても、支援者がいかに主体的に相談支援を行うかが必要である。③障害特性のために人との関係が上手く取れない人たちだ。彼らはそのために生活全体に支障をきたしているが、それが自分の障害によるものと理解できず、また理解していたとしても自分ではなかなか修正できない状態であることが多く、社会的な関係との調整や自らの心身の状態に支援を必要としている。しかし、時として支援者も受け入れることができない状態になる場合もあるという非常に支援が難しい人たちだ。こうした人たちは、いずれも直接的な支援ニーズへの対応以前に、まずは本人との『支援の関係性』を築くことが求められる人たちであり、その関係性を通して本来の支援ニーズのアセスメントの解決のための方法を共に考えていくことを必要とする」

（上田、二〇一三）

二〇一三年末「千葉県袖ケ浦虐待死亡事件」が明らかになった。この事件は、障害者に対する職員の暴力と閉鎖的な施設運営、そして「地域の受け皿の不足」という施設における虐待の構造を明らかにした。

障害者虐待防止法は、「施行後三年を目途に検討を加えその他、必要な措置を講ずる」とされている。法施行当初から指摘されている「教育」「医療」の領域も対象に加え、国が責任をもって取り組んでいくことが急務であり、強く求められているところである。

私に障害者虐待防止法改正について向き合うことを促してくれたのはOさんだった。彼女は、二〇一六（平成二十八）年三月にこらーるたいとうのグループホームに入居した。静岡県から上京してきたのである。Oさんは水戸事件の被害者であり、知的障害・身体障害がある。Oさんは次のことを私に教えてくれた。「私が最初に訴えたとき、福祉事務所、ハローワーク、養護学校、警察、裁判所は私たちのいうことを聞いてくれなかった。信じてくれなかった。まともに聞いてくれなかった。私は思う。障害のある人の訴えることを、きちんと親身になって聞いてほしいと思います」。

茨城県水戸市の段ボール加工会社アカス紙器（有限会社水戸パッケージを経て現・有限会社クリーン水戸）は、積極的に知的障害者を雇用し従業員全員を会社の寮に住まわせていた。しかし一九九五（平成七）年十月、アカス紙器が障害者雇用により国から交付される特定求職者雇用開発助成金を受け取っていながら、実際には知的障害者の従業員にはほとんど賃金を支払っていないことが発覚した。一九九六（平成八）年赤須正夫社長は、このため詐欺容疑で逮捕された。捜査する過程で、彼が長年にわたり従業員の知的障害者に対して、暴行・性的虐待をおこなっていたことが判明した。水戸警察署は、詐欺事件だけでなく、暴行・性的虐待に関しても捜査を開始したが、被害を受けた日時や状況を正確に証言できる被害者が少なく、「公判を維持できない」という理由で、警察も検察庁も立件には消極的であった。結局、社長は詐欺罪および暴行二件・傷害一件で起訴され、それ以外の暴行・性的虐待事件はすべて不起訴となった。不起訴となったため刑事裁判では審理されなかったことに対して、元従業員の女性三名は社長を民事裁判で訴えた。その中の一人がOさんである。赤須正夫は性的虐待の事実について全て否認したが、二〇〇四（平成十六）年、水戸地方裁判所は原告の訴えを全面的に認めた。社長は控訴したが、東京高等裁判所は同年七月二十一日控訴を棄却した。

Oさんたちに励まされ、DPI日本会議などさまざまな人々の助言を受けながら、こらーるたいとうでは、「『障害者虐待防止法』における通報義務機関の拡大に関する要望書」を作成した。何度も書き改めた。以下に記述する要望書は、二〇一六年十二月二十七日現在のものである。

「内閣総理大臣　安倍晋三様
厚生労働大臣　塩崎恭久様
文部科学大臣　松野博一様

「障害者虐待防止法」における通報義務機関の拡大に関する要望書

〒101-0054
東京都千代田区神田錦町3-11-8　武蔵野ビル5階

電話03－5282－3730　FAX03－5819－3711
特定非営利活動法人　DPI日本会議
議　長　平野　みどり　㊞

〒131－0033
東京都墨田区向島3－2－1　向島パークハイツ1階
電話03－5819－3651　FAX03－5819－3652
特定非営利活動法人こらーるたいとう
代　表　加藤　真規子　㊞

平素より障害者政策へのご理解を賜り、誠にありがとうございます。

私たち障害者団体は、標記「障害者虐待防止法」の改正による通報義務機関の拡大について、以下のとおり要望致します。つきましては、ご検討の上迅速なるご対応をお願い致します。

記

1．要望の趣旨

二〇一二（平成二十四）年十月に施行された「障害者虐待防止法」（「障害者虐待の防止、障害者の養護者に対する支援等に関する法律」）について、現行法では通報義務の対象になっていない学校、保育所等、医療機関、官公署等を通報義務の対象にすべく、早急な法改正を求める。

2．要望の理由

（1）附則等の遵守について

同法附則第二条では、「施行後三年をめどに学校、保育所等、医療機関、官公署等における虐待防止のあり方等について見直す」としており、障害者虐待防止法概要（厚生労働省）においても、「政府は、障害者虐待の防止等に関する制度について、この法律の施行後三年を目途に検討を加え、必要な措置を講ずるものとする」としている。しかし、同法は施行後すでに四年を経過しようとしているにもかかわらず、改正に向けた動きが見られない。

こうした機能の位置づけの曖昧さが招いたと考えられる事件事例(註)の再発を防止する観点から、また二〇一四（平成二十六）年一月に批准した「障害者権利条約」の完全実施の一環として、わが国の立場を世界に示す意味からも、早急な対応が必要と考える。

（2）学校現場における通告義務化の意義

学校、保育所等の教育現場の虐待・差別・いじめ等の被害は年々深刻さを増している。二〇一六（平成二十八）年度に入ってからも大阪府立難波支援学校で、男性教諭が重度の知的障害がある生徒に何度も暴行・暴言による虐待を繰り返していたことが発覚している。しかし、教育現場では学校を聖域化して内部で処理しようとするため、虐待・差別・いじめの否認や隠蔽が生じがちである。教育現場こそ、第三者の介入すなわち社会的・法的な支援が必須であり急務と考える。

（3）精神科病院における通告義務化の意義

日本の精神科病院には三四万人を超える人々が入院しており、うち二〇万人以上の入院期間は一年を超えている。また、毎年五万人が退院するもののそのうち約二万人は死亡退院である。国は二〇一二（平成二十四）年までに社会的入院者七万人を退院させるとしていたが実質的には実現できていない。このような隔離収容主義は精神科病院における絶えざる人権侵害の温床となり、病院職員が入院患者に暴行を加え死亡させたことが明らかになった「石郷岡病院事件」（二〇一五（平成二十七）年に報道）は、その顕著な例といえる。今またオレンジプランにより認知症高齢者の精神科病床への囲い込みを進展させようとするなど、わが国の精神科病院中心主義は、国際的にも人道的にも、そのシステム自体が国民への人権侵害と言わざるを得ない状況にある。その中にあって治療を受けている多くの入院患者の人権を守るために、また利権化し閉塞化した精神科病院のあり方に内部から一石を投じやすくする意味からも、虐待通告義務化は重要な意味を持つと信じる。

障害者虐待防止法を改正し、深刻な状況にある虐待を防止するとともに、被害にあった障害者を早期に発見し救済していくために、より実行力ある法制度とするために、以下の項目の実現を、私たちは署名『学校、保育所等、医療機関、官公署等を通報義務の対象にして下さい』をもって、強く求めます。

記

1. 学校、保育所等、医療機関、官公署等を通報義務の対象とすること。
2. 福祉施設同等の虐待防止の仕組み（設置者等の責務とスキーム等）とすること。また、この間の状況を踏まえ、通報者への保護を強化すること。
3. 同法の附則第二条をふまえ、学校や医療機関等における虐待や人権侵害の実態把握を公表するとともに、障害当事者が参画した虐待防止等に関する検討の場を設けること。
4. 虐待防止の実効性を高めるために、以下の項目を実施すること。

（1）施設や病院等にオンブスパーソンの仕組みを導入すること。
（2）都道府県に設置される権利擁護センターと市町村に設置される虐待防止センターの事業の中に障害当事者によるサポート（ピアカウンセリングやピアサポート）を位置づけること。
（3）重大な案件に対しては、国は責任を持って調査委員会を立ち上げ対応に当たる仕組みを設けること。

註：「大藤園」事件・「鳥取県立鹿野かちみ園」事件

「大藤園」事件：山口県下関市長府豊城町の知的障害者福祉施設「大藤園」の職員が利用者を虐待していた問題で、二〇一五年八月、障害者総合支援法に基づいて同施設に対し利用者の新たな受け入れを一年間停止する行政処分をした。

「鳥取県立鹿野かちみ園」事件：二〇一六年六月十五日、障害者支援施設の鳥取県立鹿野かちみ園で、知的障害のある四十～六十代の女性入所者三名が三年～二〇年にわたり一日六時間半から一四時間、居室を外部から施錠されていたことが判明した。差別や偏見に晒されがちな障害児者にとって、自分たちを理解し守ってくれると信じることができる機関や専門職の存在は、社会そのものへの安心感と主体性形成のための大切な原動力である。その機能が法的根拠をもって確実に発揮されることは、障害児者の可能性と主体性を拡げる基盤である。

この要望書の連絡先
〒131-0033東京都墨田区向島3-2-1　向島パークハイツ1階
電話03-5819-3651　FAX03-5819-3652
メールアドレス：koraru@mub.biglobe.ne.jp
特定非営利活動法人こらーるたいとう

第4節　障害者権利条約が示す方向性

障害者権利条約は強制入院および強制医療を否定している。強制入院強制医療は、障害者権利条約十二条、十四条、十五条、十七条、十九条、二十五条d、二十六条bおよび三条の（b）非差別（無差別）という一般原則の侵害であり、廃止されなければならない。

「障害者に対するすべての強制的で同意のない医学的介入に対して絶対的禁止を課すこと。こうした強制的医学的介入には、同意なしに行われる、精神外科手術、電気ショック、抗精神病薬のような精神を変容させる投薬、その期間の長短にかかわらず身体拘束と隔離拘禁の使用、が含まれる。障害のみを理由とした強制的精神医療の介入を終わらせる義務は即座に適用することであり、財政的資源の不足は義務の履行の延期を正当化し得ない〔A/HRC/22/53, パラグラフ89(b)〕」

「いかなる例外もなく平等を基礎として自由なインフォームドコンセントのセーフガード、法的枠組みと司法的行政メカニズムそれは虐待からの保護を実践するための政策と実践を通すことも含む。これと矛盾するいかなる法律の条項、精神保健分野における拘禁あるいは強制的医療を許容するような条項は後見人制度そして他の代理決定を使うものも含め改正されなければならない。自律、自己決定そして人の尊厳を擁護する政策と手続きがとられること。保健についての情報が完全に提供でき受け入れでき、アクセシブルでそして良質なものとして確保されること。こうした情報は地域に基盤を置くサービスと支援が広範囲に行われるように、支援と保護の方策によって、提供され理解されなければならない〔A/64/272, パラグラフ93〕。インフォームドコンセントなしの医療の例があれば、それは捜査され、そうした治療の被害者に対してそうしたことがやめられ、償われればならない〔A/HRC/22/53, パラグラフ85(e)〕。」

「精神保健を根拠とした拘禁あるいは精神保健施設への監禁、そして当事者の自由なインフォームドコンセントなしの精神保健分野におけるいかなる強制的介入あるいは治療を許容する法律条項の改正。自由なインフォームドコンセントなしの障害を理由とした障害者の施設収容を正当化している法制は廃止されなければならない〔A/HRC/22/53, 89(d)〕。」

以上は、拷問等禁止条約特別報告官による二〇〇六（平成十八）年十二月国連総会の報告書および三月の国連人権理事会へのスピーチである（全国「精神病」者集団、二〇一三年五月六日）。

第三章　理念を大切にしたい
――病棟転換型居住系施設構想に抗して

第1節　理念を大切にしたい

ハンセン病の歴史を概観すると、プロミンが開発され、ＷＨＯが「ハンセン病は外来で治る病気である」と発表し、多くの国がそれに従ったにもかかわらず、日本では、一医師であった光田健輔氏が「ハンセン病の人と社会を救うためには、隔離収容しかない」と主張し、改正らい予防法が成立している。民衆に対してのひどい裏切りだ。

精神病を見ると、多くの国々、日本よりずっと貧しい国であっても保護者制度はつくらなかった。日本は保護者制度をつくり、一番身近な人間に多大な責任を押しつけて、安易な特例基準で民間病院をどんどん作り、そこに閉じ込めてしまった。ハンセン病と精神病の大きな違いは、ハンセン病に対しては、国の責任が明確だった。精神病は民間の営利事業者である民間精神科病院に丸投げしてしまった。病棟転換型居住系施設構想は、病院の経営をなんとか存続させるために考えたものであることは明白だ。

私がまざまざとそれを聞いたのは、二〇一三（平成二十五）年十一月に開催された精従懇（精神保健従事者団体懇談会）のフォーラムの場だった。日本精神科病院協会の理事である医師が次のように述べた。「このままいったら、うちで雇っている職員が路頭に迷う。だからそういうものも必要なのだ」と。会場にいた医師がその理事に呼応するように次のように述べた。「長期入院者を退院させたが、その地域生活をサポートする者たちが、長期入院者のサポートの仕方がわからなかったので、失敗し、再入院した。やっぱり精神医療のことがよくわかっている者たちがサポートしなければならない」。

日本の精神医療の専門性とは何なのか。患者は楽になりたくて治療や入院を受け入れるものだ。ところが楽になるどころか、人生を奪われてしまう。

精神科特例は従事者にも抑圧となってきたといえる。患者と信頼関係を構築しないと治療関係は成立しないにもかかわらず、そのゆとりもない。研鑽する時間やお金も保障されない。これでは患者がよくなるわけがない。一般医療から見たら、これは患者ではない。患者としての処遇を受けてはいない。しかも数カ月とか一、二年ではない。一〇年、一五年、あるいはそれ以上、そうした処遇を受けてきた。これは人権被害以外の何ものでもない。

今回の病棟転換型居住系施設というものを提案した精神保健福祉士がいっていた。「一万人もの入院者が死亡している。それならば病棟を住居に転換して、そこで亡くなったほうがずっといいのではないか」と。

狭い部屋に、隔離・収容で閉ざされ、行動制限がかかり、向精神薬等服薬は管理されている。そんな日常でどうして心身共に健康な状態でいられるだろうか。精神病は落ち着いたが、心筋梗塞等の心臓疾患、肝臓疾患、糖尿病などの内科疾患を抱える人々は大変多い。医療法の精神科特例により一般病床では精神病の人をケアすることはできない。また「ここが痛い」「ここが変だ」と精神病の人が訴えても、「気持ちの問題だ」といわれて手遅れになることさえある。

このような囲い込みをしている側の人々も、上記のような在り様が尋常ではないことはわきまえていて、その尋常ではない状態や関係性を容認する、つまり一生をその状態、関係性で丸抱えをする「病床転換型の個室を作り、そこに移動してもらい、一生を全うしてもらったほうがいい」ということは断じてやってはならないということは認識していた。

このように非常な差別を受け、地域社会にあってはこの上に欠格条項があり、「この免許・資格を取ってはいけない」「あそこへ行ってはいけない」と制限を受ける。このような人生被害を社会から、精神病・精神障害がある人々は受けてきたのである。

病床転換型居住系施設を認めた検討会の構成員には、患者と利益相反する医師が二五名中一三名も入っていた。障害当事者は二名に過ぎない。障害者権利条約策定過程での基本「私たち抜きで、私たちのことを決めてないで!」という精神に反している。

精神病は誰もがなりうる病気であり、日本もそれを認めたからこそ「五大疾病」に入ったのである。いまや精神科だけを特別なものにしておくことは許されない。しかも日本はＧＮＰ三位だ。日本よりもっともっと貧しい国々が、倫理観・理念を守っている。守りたいと努力している。「憲法や障害者権利条約を守らなくてはならない」という基本に、私たちは立脚しなければならない。

第２節　病棟転換型居住系施設構想の問題点

二〇一四（平成二十六）年四月一日、衆議院で、地域医療・介護総合確保推進法案が審議入りした。そして同年六月二十五日、公布とともに施行された。この法律は高齢化が進行する中で、社会保障制度を将来も維持していくために、医療・介護提供体制の構築や医療・介護を対象とした新たな税制支援制度の確立、地域包括ケアシステムの構築などを行い、地域における医療と介護の総合的な確保を推進するものだ。

政府はこの法律で、高齢者の入院患者を減らし、在宅医療に切り替えることをねらっている。背景には増え続ける医療費の問題がある。厚生労働省（以下、厚労省）の推計では、患者の自己負担を除く医療費は二〇一一（平成二十三）年度の三五兆円から団塊世代が後期高齢者医療制度の対象となる七五歳以上に達する二〇二五（平成三十七）年度には五四兆円に膨らむ。現状の体制を維持すると、医療機関のベッド（病床）数は二〇二五年度には、現状よりも約三六万増の二〇二万床必要だ。

厚労省は診療報酬改定によって医療機関を誘導しようとしている。法案成立により、退院した患者の比率を示す「在宅復帰率」に応じて、各病院の診療報酬を下げることができるようになるからだ。法案には、全国一律の高齢者向け訪問・通所介護サービスを市町村の事業に移すことも盛り込まれている。在宅医療と介護の連続を進める「地域包括ケアシステム」を築くという。

病棟転換型居住系施設の改築費は、この地域医療・介護総合確保推進法の予算を使う。そして医療から福祉へ転じた後の病棟転換型居住系施設の運営は総合支援法の対象となる。これは入院者が退院しなくとも、看板のほうを書き換えれば、退院したことになるという極めて欺瞞的な制度である。年間一万人もの人々が死亡退院するという凄まじい現実を引き起こしたのはなぜなのか。誰の責任なのか。七〇年近く、一般医療の中に入れることをせず、さまざまな差別的な制度の中に精神障害者を閉じ込めてきたことへの反省はどこにあるのか。

障害者権利条約が日本においても批准され、二〇一四年二月、発効した。日本政府は権利条約のために国内法を整備したというが、障害がある人々に対する隔離収容政策は続いている。政府は精神科病院で入院治療の必要性がなく社会資源の不足など社会的な理由で退院できずにいる人々を一生閉じ込めるために、精神科病棟をグループホームなど居住系施設に転換し活用することを可能とする方針を強引に決定してしまった。この方針に反対する闘いが、同年六月二十六日の日比谷野外音楽堂への三千二百人の結集に続き、全国で粘り強く行われている。

東京都八王子市・青梅市周辺は世界一精神科病床の多い地域である。そこに人生被害者ともいうべき精神障害がある人々が置き去りにされている。長い間、精神科病院に隔離されてしまったのは、明らかに国の責任だ。わが国の高度成長期に、生きづらさを抱えた人々を、どんどん民間精神科病院を増やして、そこに丸投げしてしまった。

二〇一五（平成二十七）年一月二十九日、東京都八王子市にある「いちょうホール」での、「地域でくらすための勉強会」に、精神障害がある人々、特に社会的入院者の人々に連帯する人々が二五〇名集い、提言やそれぞれの思いや体験を交流し、闘いを継続し発展させたいと願った。

そして主催の精神科病棟転換型居住系施設を考える東京集会実行委員会は、この勉強会で決議した以下の内容の東京都への決議文と、東京都議会への陳情書を、二月二日に提出した。東京を、障害のある人もない人も、ホームレスの人も、若い人も高齢者も暮らしやすいまちにしていきたいという願いを込めた。病院と市民が一緒になって精神医療を変えていくこと、まちづくりに市民が責任をもってかかわっていくことを指標している。

二〇一五年一月十六日、厚労省は地域移行支援型グループホームについて省令改正の形で各自治体に通知した。四月一日の施行予定で、それまでに各自治体が省令に沿った条例を作ることになっている。同年二月五日、東京都は地域移行支援型グループホームを認めない方針が審議会で決定した。神奈川県、沖縄県もすでに条例改正をその年度は見合わせた。しかし京都府、宮城県などは条例改正をおこない、「作りたい」と希望する病院があれば、地域移行支援型グループホームを建設することは可能となってしまった。東京都、神奈川県でさえ、油断は禁物だ。なぜならば、社会的入院は日本の精神医療がもつ最大の病理だからだ。二〇万人にもおよぶ人々が、精神科病院での治療や療養の必要なく、退院が可能にもかかわらず入院を余儀なくさせられている。精神科病院の入院者は、平均二九一・一日間、療養病棟では一七一・八日間、入院継続している。二〇年、三〇年というより長期間にわたる入院者も存在している。

そして長寿命化、それに伴う要介護・要支援高齢者の増大、家族扶養に関する価値観の変化、在宅ケアを支えるべきサービスの不足は、施設収容される高齢者を増やしている。六五歳以上の高齢者で施設に収容されている人々は、二〇〇〇（平成十二）年の一〇二・四万人から二〇一二（平成二十四）年の一六六・八万人に増加した。介護施設や医療施設などの施設に収容されている人々は、六五歳以上では五・七％であるのに対し、八五歳以上では二一・七％におよぶ。家族の受け入れを期待できず、また介護施設などにも入所できず、治療の必要がなくとも入院を続ける「社会的入院」の状態にある人たちが多く、高齢患者の約四割に達すると推計されている。

また介護施設にも、病院にも入ることができず、短期入所の施設などを渡り歩く不安定な高齢者の存在が指摘される。さらに、低所得の高齢者、生活保護受給者などを対象とした劣悪な居住環境の介護施設が存在する。厚生労働省が二〇一二年十月に実施した調査によると、有料老人ホームの約五％が無届けであった。ある自治体の調査は、無届施設の約八割に防火設備などが備わっていないことを明らかにした。

二〇〇〇年に社会福祉基礎構造改革が行われた。その時のテーマは、地域福祉の推進であった。地域福祉とは、住み慣れた地域で誰もが安心して住み続けられるように、支援システムを整備していくことだ。障害者や高齢者が一人暮らしをしたいと思ったときに、それを実現するように支えていくことだ。けれども日本は、その支援システムの整備が未だ進んでいない。

障害者や高齢者で、自分の年金で安全・安心に暮らせる人々はごく一部である。障害者や高齢者が、家族などの介護者がいれば、地域で住み続けることができるが、介護者がいなくなった場合、介護困難を理由に施設入所を勧められることがよくある。移動に制限があるにもかかわらず、公共交通機関から離れた不便な場所にある施設に住み続けざるを得ない人々が大勢いる。精神科病院の多くが、都市の周辺部にある。地域移行支援型ホーム問題とは、まさに「移動に制限があるにもかかわらず、公共交通機関から離れた不便な場所に住み続けざるを得ないこと」つまり「隔離収容」を制度として認めてしまったことに外ならない。現実を直視して地域福祉の充実に取り組んでいかない限り、地域移行型支援グループホーム等の病棟転換型居住系施設は、精神障害者や認知症がある人々にとって、油断ならない制度なのである。

このように病棟転換型居住系施設の問題は、改めて経済大国日本における「本当の豊かさとは何なのか」を問い直し、人権意識の低さ、医療と社会の福祉の貧しさとその克服の課題を私たちに提起している。

第四章　アドボカシー制度の創設を待望して
――その人の存在がもつ社会的意味を認識する

第1節　アドボカシーの歴史

アドボカシーとは、一九六〇年代のアメリカの公民権運動など欧米を中心に、弱い立場に置かれていた人々やグループのための社会正義獲得に向けた運動、また一九八〇年代に活発化した精神障害や知的障害の自立生活運動や当事者活動に影響を受けながら発展してきた概念である。

欧米の実践に影響を受け、その概念を展開させてきた日本では、アドボカシーは比較的新しい概念であり、一九八一（昭和五十六）年の国際障害者年で本格的に注目され始め、一九九〇年代の社会福祉基礎構造改革議論の中で重要視されるようになった。

アドボカシーとは、「獲得」「行使」「救済」「回復」「普及」などの活動をいう。「訴訟」「見解」「政策」などが、誰かに有利になるように弁護・支援、あるいは主張する行為のことである。

日本では、北野誠一がアドボカシーをわかりやすく次のように定義している。

「アドボカシーとは、侵害されている、あるいは諦めさせられている本人（仲間）の権利がどのようなものであるかを明確にすることを支援するとともに、その明確にされた権利の救済や権利の形成・獲得を支援し、それらの権利にまつわる問題を自ら解決する力や、解決に必要なさまざまな支援を活用する力を高めることを支援する、方法や手続きに基づく活動の総体である」（北野、二〇〇二）

アドボカシーは活動であると示されているだけでなく、クライエントには自らが持つ権利と置かれている状況を気づかせるという要素が含まれる。

アドボカシーのどの活動においても、クライエントがそれを必要とし、または望んでいることが絶対条件である。クライエントの実質的な法的権利を守ることも大切であるが、クライエントが定義する彼らの基本的な要望を満たすことがアドボカシーの重要な機能である。このためクライエントが自ら必要な知識を獲得していく能力、主張する能力、問題解決能力を高めていけるよう、クライエントをエンパワメントすることも大切なアドボカシー活動である。

第2節　アドボカシー制度の重要性

改正障害者基本法では「第三条2項　全て障害者は、可能な限り、どこで誰と生活するかについての選択の機会が確保され、地域社会において他の人々と共生することを妨げられないこと」。「第四条1項　何人も、障害者に対して、障害を理由として、差別することその他の権利利益を侵害する行為をしてはならない」。「第四条2項　社会的障壁の除去は、それを必要としている障害者が現に存し、かつ、その実施に伴う負担が過重でないときは、それを怠ることによって前項の規定に違反することとならないよう、その実施について必要かつ合理的な配慮がされなければならない」と規定された。

障害者への差別・権利侵害とは「地域社会の中で、普通の市民として生きる（共に学び、働き、暮らす）ことを妨げること」と北野誠一は整理して、「障害者権利条約が示す医学モデルから社会関係モデルへのパラダイムチェンジとは、医学的診断等による個人の病理・機能障害理解（あんたが問題！）から、本人の人間関係・社会関係の障壁（バリア）が生み出す市民生活・参加の制限・排除の解消と、必要な理解・共感や支援・合理的配慮の展開（みんなで何とかしよう！）を意味する。それでも『みんなで何とかしよう！』のみんな（関係）の中心には『あんた』がいなければどうしようもない。結局、障害者問題やホームレス問題や触法問題やひきこもり問題等には、本人をめぐる関係性のゆがみや希薄性（剝奪―排除）の問題がある」と示唆している。人は社会で生きている意味を感じないと生きていくことは大変困難となる存在であるということであろう。それ故に、その人間関係のつながりから排除したり、剝奪することは著しい人権侵害であるということだ。

国連障害者権利条約第十九条では、「自立した生活（生活の自律）及び地域社会へのインクルージョン」について、以下のように定めている。「この条約の締約国は、障害があるすべての人に対し、他の者と平等の選択の自由を有しつつ地域社会で生活する平等の権利を認める。締約国は、障害のある人によるこの権利の完全な享有並びに地域社会への障害のある人の完全なインクルージョン及び参加を容易とするための効果的かつ適切な措置をとるものとし、特に次のことを確保する。（a）障害のある人が、他の者との平等を基礎として、居住地及びどこで誰と生活するかを選択する機会を有すること、並びに特定の生活様式で生活するよう義務づけられないこと。（b）障害のある人が、地域社会における生活及びインクルージョンを支援するため、並びに地域社会からの孤立及び隔離を防止するために必要な在宅サービス、居住サービスその他の地域社会支援サービス（パーソナル・アシスタンスを含む。）にアクセスすること。（c）一般住民向けの地域社会サービス及び施設（設備）が障害のある人にとって他の者との平等を基礎として利用可能であり、かつ、障害のある人の必要〔ニーズ〕に応ずること」とされている。

国連拷問禁止委員会委員のジョージ・ツグシは、日本の精神医療保健福祉について次のように警告している。

「精神障害者のための精神保健福祉法は精神保健施設を統制するものとして確立している。三十六条はいかなる患者の行動制限も精神科医の判断が必要であるとしている。三十七条は身体拘束は自殺や自傷の場合あるいは多動または精神障害者が身体拘束なしでは生命を脅かす場合、最終手段としてのみ身体拘束を認めている。

身体拘束がおこなわれたら、患者はその理由を告げられ、身体拘束中は観察下におかれる。患者が強制入院させられたら、厚生労働省に対して行政不服審査法により退院請求がなされ、また行政不服審査法により民事訴訟もできる。

精神病患者の身体拘束に法的な期間制限はあるのか。また先の最終見解に照らして、公私の精神保健施設における拘禁手続きに対して有効な司法的なコントロールを確保するステップが取られたのか、情報提供されたい。また退院請求や処遇改善への訴えで、それらが認められた詳細な数を提供されたい。

退院請求が認められる要素は何か。また精神科施設に非自発的に収容されている患者の比率については日本は最高の国の一つであると報告されてきた。そして在院日数は非常に長い。外来患者へのサービスが日本では十分開発されていない理由は何か。それについて情報提供できるか。そして多くの支援が必要な患者が精神保健施設において収容されたまま死を迎えるのが常態化している。また外来患者へのサービスが開発されるステップが取られているのか否か、精神保健施設に収容されている人の数を減らすステップがとられているのか否か。

また非自発的収容の判断が、収容する施設自身によってなされているとき、いかなる形で司法が関与するのか、より詳細な情報を提供できるのか。」〔ヴィクトリア・リー、二〇一三「障害者

権利委員会、他の条約帯と普遍的定期審査」、国際障害同盟（ＩＤＡ）」。

第3節　私たちが望むアドボカシー制度

精神障害者や知的障害者であるという理由で、生活の質が著しく低下させられてしまった人々の自律・自立をめざして、安心・安全・自由な関係に基づくアドボカシー制度の創設を私たちは待望している。

こらーるたいとうの仲間が望むアドボカシー制度は以下のようなものだ。アドボケイトは医療機関や施設などにおいて強制入院や行動制限の要件、処遇基準をめぐって本人の権利が侵害されていないかどうか、あるいは、地域生活のあらゆる場面において権利が侵害されていないかどうかを把握し、本人の人間として権利を守り、本人の意思の実現をはかる。

一　誰がアドボケイトになれるのか

では誰がアドボケイトになれるのだろうか。

①本人に選ばれた人であること。
②中立ではなく、本人の立場に立って援助・代弁を行う人であらねばならない。
③本人が利用している病院や施設の関係者ではないこと。これは障害者であっても、本人と同じ

病院や施設の利用者の場合はアドボケイトにはなれない。
④アドボケイト養成講座を創設し、この養成講座を必ず受講すること。

二　費用をどうするか

①税金でまかなう。

三　どんな仕事をするのか

①本人の意思・意志の尊重と、本人の権利（安心・安全・自由）を守ること。本人の立場を守ること。
②医療や福祉のパターナリズムに対抗する。
③本人の意思を実現するためのサポーターであり、本人の意思を必要な場合は、代弁しなければならない。
④本人を虐待・放置から保護しなければならない。

四　アドボケイトにはどんな役割が認められるか

①本人が精神科病院に入院中・社会福祉施設に入所中の場合は、必要な場合はいつでも本人に面会できる。

②本人の了解があればカルテ・相談録を見ることができる。
③本人の代理者として、医師・看護職・社会福祉職・薬剤師等、職員と面談し、関係解決をはかることができる。職員はアドボケイトからの依頼があれば面談し、問題解決に協力すること。
④本人の代理者として、行政等関係機関の職員と面談することができる。
⑤本人の代理者として不服申し立てを行政に対して行うことができる。

五　アドボケイトが尊重しなければならないこと

①あくまでも本人の立場に立って援助・代弁を行うこと。
②本人の情報はもとより、関係機関・関係者に関する情報もこの仕事の遂行以外には使用してはならない。
③記録を残すこと。しかし記録の方法はビデオ・写真・録音・書くことなどアドボケイトが選択してよいものとする。
④アドボケイトを監査し、相談にのるシステムを創設する。

六　アドボケイト養成講座

例：ニューヨーク・ウェストチェスター・ロックランド・アドボカシー連合の場合
活動場所：入院施設・地域社会

トレーニングの内容：（七二時間の教室でのトレーニング）

①団体（NYWRAC）の歴史
②精神科患者解放運動の歴史
③精神医療以外の健康法
④異文化の人たちと交わる能力
⑤多様性トレーニング
⑥給付と権利
⑦秘密保持と論理
⑧精神保健福祉法、措置入院、患者の権利
⑨セルフヘルプの技術
⑩グループのファシリテーション・トレーニング
⑪希望とリカバリー
⑫重複障害
⑬女性の声
⑭交渉技術
⑮コミュニケーション技術
⑯実際やってみる／ロールプレイ

⑰地域社会における精神保健サービス
⑱ピア・アドボカシー：哲学と価値
⑲システム・アドボカシー
⑳司法制度

何らかの問題をもつ個人に対する保護・アドボカシーをめぐって本人の権利が侵害されていないかどうか、あるいは、地域生活のあらゆる場面において権利が侵害されていないかどうかを把握し、本人の人間として権利を守り、本人の意思の実現をはかる。

第4節 「精神障害にかかわる法制度の望む在り方を問う——精神保健福祉法、病棟転換型居住系施設、障害者虐待防止法」院内集会の開催

二〇一五（平成二十七）年五月二十一日、「精神障害にかかわる法制度の望む在り方を問う——精神保健福祉法、病棟転換型居住系施設、障害者虐待防止法」参議院議員会館院内集会を、こらーるたいとうとNPO障害者権利擁護センターくれよんらいふ（以下、くれよんらいふ）の共催で開催した。一五〇名程度の人々が参加してくれた。

この院内集会は、障害者権利条約に日本が批准して一年間がたったが、精神障害にかかわる法制度はどうなっていくべきかを考えようという趣旨で開催した。むしろ日本は、障害者権利条約

や国連の勧告を無視して、逆行している。病棟転換型居住系施設や隔離拘束が精神科病院において一・八倍に増えていることもそれを象徴している。精神病やハンセン病の患者を強制的に隔離収容してきたことと社会的入院は著しい人権侵害すなわち犯罪であることが明確になった院内集会だった。

弁護士の池原毅和さん（東京アドヴォカシー法律事務所）は「日本政府は国連の勧告や懸念を無視して暴走している。障害者権利条約は十九条で、インクルーシブな地域で生活する権利を認めている。地域とは多様な人々の包含された社会である。地域移行・退院促進は日本の誤った政策の清算のための政策であり、入院させない政策が本来求められる政策である。また権利条約十二条は法的能力の平等性と法的能力行使に支援を受ける権利を認めている。だから患者さんの入院同意無能力を前提とする医療保護入院は許容されない。十四条は障害を理由とする自由剝奪の禁止を謳っている。精神保健福祉法では精神障害者であり、自傷他害のおそれのある者は強制入院の対象とされるが、権利条約では精神障害者であることを強制入院の要件とすることは許されない。ところが日本は障害者権利条約を批准してから一層隔離拘束は増え、社会的入院が減ったわけでもない」と政府を鋭く批判した。

尾上浩二さん（元障がい者制度改革推進会議総合福祉部会副部会長・ＤＰＩ日本会議副議長）は「本人の自由意志に任せるというが、居住資源が限られている中では選択することはできないではないか。『病院で死ぬということと、病院内の敷地にある自分の部屋で死ぬことには大きな違いがある』というような障害者を二級市民扱いする言説を許さないためにも、骨格提言の『地域移行』『地域基盤整備』の実現を求めたい」と強く訴えた。日本国憲法の定める基本的人権、これは全ての国民が権利の主体となっている。障害者権利条約の精神も障害者は保護の対象ではなく、権利の主体である。そういう意味において「骨格提言」は、多くの障害者団体や障害当事者が参画して決めた提言である。この提言を実現することは、まさに日本国憲法、障害者権利条約の思想を現実に活かすことだ。

病棟転換型居住系施設への反対運動を牽引している長谷川利夫さん（杏林大学教授）は、「病棟転換型居住系施設問題の本質は、『障害があろうとなかろうと、人として平等である』という考え方に真っ向から挑戦していること。障害者権利条約十九条は、障害者が他の者との平等を基礎として、居住地を選択し、及びどこで誰と生活するかを選択する機会を有すること並びに特定の生活施設で生活する義務を負わないと定めている。歴史上、女性、黒人は『市民』ではなかった。日本においては『障害者は市民ではない』といっているのと同じであり、『病棟転換型居住系施設』問題は人権問題である。権利条約に批准しても、隔離拘束は精神科病院で一・八倍と増えている」ことを明らかにした。

私は「障害者権利条約に批准してから、いかに日本の障害者政策は障害者権利条約に違反しているものであることがよくわかった。そのことにより、日本国憲法の素晴らしさもよく理解することができた。そして多くの日本の施策は、違憲状態にあることを理解することができた。知らないことは恐いことだと痛感した」、「精神科特例や精神保健福祉法を廃止して、精神障害も一般の医療の中に入らなければならない。そのために仲間の声を聴き、集める集いを重ねてきた。特に沖縄県での集いは、ハンセン病の回復者の方々にも協力していただくことができた。その人々は筆舌に尽くしがたい辛酸をなめてきたにもかかわらず、力強く『今度は私たちが精神障害者の人々など苦労している人々の力になりたい』といってくれた」ことを報告した。

指定発言者の佐藤聡さん（DPI日本会議事務局長）は、四年間施設にいた体験を踏まえて、「長期に隔離されると買い物もできなくなる。病院は地域ではない」と訴えた。精神科医の太田順一郎さん（岡山県こころの健康センター）は「長期入院は犯罪である」と断じた。司会の松田博幸さん（大阪府立大学准教授）は「病院で死ぬより病院の自分の部屋で死ぬほうがいいというが、いろいろな人々がいるからコミュニティであり、病院の敷地内はコミュニティではない」と病棟転換型居住系施設を認める意見の欺瞞性を明らかにした。この集会に参加してくれた山本太郎参議院議員は「精神障害者の人々が抱える困難にこれからもかかわりたい」と約束してくれた。

第二部では脳科学者として神経伝達物質の研究をしていて統合失調症になり、三回も入院したあとハーバード大学で精神医学の研修を受け、精神科医になったダニエル・フィッシャーさん（アメリカ合衆国エンパワメントセンター元代表）が、特別講演「人間として在ること、障害者権利条約について」を行った。ダニエル・フィッシャーさんは、「世界で精神科病院への入院者が際立って多いのは日本と韓国ぐらいである。人間は自分のこころとつながることが大切だ。施設に閉じ込めてしまうこと、つまり隔離収容は、孤立させ人間として成長する機会を奪ってしまうため人生の序章にそのこころを封じ込めることと同じである。自分のこころとつながること、他者のこころとつながることから、工業化社会・産業化社会の人のこころが疎外されている在り様を変革できるのではないかと考える」と主張した。また退院促進・地域移行は進んだけれど、コミュニティが施設化しているアメリカの現状を明らかにして、「こころとこころの対話で眠っている力を掘り起こそう」と「エモーショナルＣＰＲ」を紹介してくれた。

「エモーショナルＣＰＲ（eＣＰＲ）とは、人がクライシス、つまり心の調子が崩れて自分でなんとかしようとしたがどうにもならない状態にあるときに、周囲の人たち（友人、家族、近隣の人、専門職者、警察など）がどのように本人にかかわればよいのかを身につけるためのプログラムである。ＣＰＲはつながること（Connecting）、エンパワーすること（emPowering）、蘇生させる（Revitalizing）という三つの過程を表すと同時に、心肺蘇生法という意味を持つ。つまり、ある人がクライシスにある際に、周囲の人が本人と心と心のつながりを持てば、本人は情緒・感情的に息を吹き返すが、そのようなかかわりがないと命を落とすことにもなるということである」（松田博幸、二〇一五）。

第5節　エモーショナルＣＰＲのワークショップ

一　ワークショップ一日目

怒濤のような三日間、五月二十一日院内集会、二十二日・二十三日のエモーショナルＣＰＲ（以下ｅＣＰＲ）のワークショップを終えて、五月の風は優しかった。向島一・三丁目町内会館での、コンビニのおむすびやスナック菓子、カルピスやウーロン茶での慎ましい打ち上げが、私は懐かしい。

本当のところ、ｅＣＰＲのことはまだよくわからない。しかし「勉強になりました」とかそういうご挨拶のようなことはいってはいけないと思う。ダニエル・フィッシャーさんの期待に応えられなかった私だ。難しかった。

最初、ダニエルさんは、きっと私は多少ｅＣＰＲを理解しているのだろうと推測したのだろう。松田博幸さんと私がロールプレイヤーに選ばれた。私は松田さんが初めて、こらーるたいとうにやってきた日の思い出を語った。台風の日で、こらーるたいとうは前日地域の祭りに出たので、ちらかっていたし、私しかいなかった。私は残っていたさつま芋をオーブンで焼いた。焼き芋になるまでに四時間もかかったこと、お土産に祭りで使った手作りの看板を差し上げたこと。松田さんはそれでも大変喜んでくださって、カナダのトロントの当事者活動の場に「こらーるたいとうはよく似ていますよ」といってくださった。遠い異国の、当事者の人々に親しみを感じた。続けて、私はうつ病になった引き金として、仲間と運営していたグループホームが火事になり、足場が崩れるような思いをしたことを話した。

午後、小グループに分かれてロールプレイをした。私のグループは家族の話をして、話を紡いでいった。共鳴する人々も同じ輪の中に入ってしまっていたし、「ポーズをかける」すなわち止める人もいなかった。私たちのグループは、午前中の講義をほとんど理解していなかった。私たちのグループは、結構いい雰囲気だった。

しかしそのやり方は、間違いだった。今度は私たちのグループにダニエルさんが入った。私も家族の話をしたかったので、ロールプレイをしたいと申し出た。相方は若い、初めて出会った女の人だった。

話の内容は省略するが、ダニエルさんは「ポーズ」をかけた。理由は私が、相方に深く入りこんで、対等性を失ったからだとのことだった。

私は心外だった。相方の女性から「いつか加藤さんのように揺れることなく、判断できるようになりますか」と問われたので、私は「大丈夫ですよ。あなたのこころは、いざという時、あなたが何を失ってはいけないのか、何を手放すべきか、教えてくれますよ」と応えた。ダニエルさんは共鳴者にどうして自分がポーズをかけたのだと思いますかと訊ねた。ある人は「加藤さんが説明的だったから」またある人は「加藤さんが踏み込んだから」と答えた。一人だけ「どうしてポーズがかかったのかわからない」と答えた。

私は、日本の私たちが置かれている現状の厳しさをなんとか打破する方法として、一人の人間同士として人同士がつながること、なるたけ平らかで、対等な関係を築くことが極めて重要だと考えて、リカバリー（障害があっても、人間としてリカバリーする）という考えを私たちに教えてくださったダニエル・フィッシャーさんに日本に来ていただけないものかと松田博幸さんにお願いしたのだった。

私は何か、観察者に見られているシャーレの中の大豆のような悲しい気分になってしまった。そんな私に、ダルク（薬物依存症の回復のための民間の施設で、スタッフ全員が薬物依存症者の当事者団体）のKさんは、一日目を終えて帰って行くとき、なぜかいつまでも手を振ってくれた。私はこのままでは嫌だと思って、三〇分間の振り返りを、ダニエルさん、ジェニー・スピードさん（オーストラリアの当事者、シスターズ・インサイド教会という犯罪をおこなった女性とその子どもを支援する団体の主宰者）、松田さんにお願いをした。

そこで私は、「ポーズ」を共鳴者でも、語り合っている者自身でもとっていいこと、ダニエルさんもジェニーさんも教師ではないことを教えられた。いかに通訳が難しいかも学んだ。

その晩、私はまんじりともしなかった。かつてお世話になった亡くなったO先生が「怒りすぎも病気だよ」といった言葉を思い出していた。

二　ワークショップ二日目

そんな私のスイッチを切り替えてくれたのは、朝のニュースに出た南アフリカの子どもたちに、折り紙を教えている日本女性だった。折り紙のない南アフリカで、広告紙を切断機で正方形に整えて、コップなどの折り方を教える。最後はジュースとお菓子をいただくプログラムは、子どもたちに楽しい時間だったのだろう、子どもの中には目を輝かせて「将来は折り紙作家になりたい」という少年さえもいた。

ダニエルさんもジェニーさんも、この折り紙を教える日本女性と同じなのだと私はやっと気がついたのである。「今日も上野駅でおいしそうな駅弁を買って、こらーるたいとうに行こう」と私は布団から飛び出すことができた。

こらーるたいとうへ着くと、ダルクのKさんは「通訳は大切だから、二名では少ない」と、急遽通訳に来てくれそうな人をいろいろ探してくれていた。私は振り返りのときのことをみんなに報告した。つまり共鳴者でも、語り合っている者自身でもポーズをかけていいこと。ダニエルさんもジェニーさんも教師ではないこと。遠くから来てくださっているのだから、気がついたことなどをいわないとかえって失礼であることを話した。そしてダルクのKさんが、メタコミュニケーションで支えてくれているような気持ちがして、なんとか私は自分を保つことができたということを話した。

ダニエルさんは「二日目はもう嫌になってしまって来ない人がいるのではないかしらと心配だった」と打ち明けてくださった。

Kさんは語ってくれた。「昨日、加藤さんたちのグループホームが火事を出した話を聞いて、私だったらどうするか、きっとわかんなくて辛かっただろうなあと思った」と。本来、eCPRはもっとなんでもないもの、たとえばAED（心臓救命装置）の使い方をあーでもない、こーでもないとお互いに工夫することなど、そういうものに、Kさんが時々訪ねるオーストラリアの人々は使っているよと話してくれた。「楽しく、気楽に」。Kさんは長いスカーフを手でいじくっては、いたずらっ子のように、よく笑っていた。

Sさんは「何々すべきといわれた気持ちがして、帰宅してから友人に電話で話を聴いてもらった」と話した。「勉強になりました」、「いい経験をしました」という感想が続くなかで、コツンとするSさんの言葉にも、ゴツゴツしたことばかりいっている私への「労り」のようなものを私は感じた。

ジェニーさんはまだ到着しないMさんのことを心配して、何度も訊ねてきた。「遠くから来るから彼は遅刻します」と答えたけれど、日本人の、行間に思いを込めるようなコミュニケーションをジェニーさんは一生懸命取り入れようとしているのではないかと私には思えた。

午後、ダニエルさんはTさんと同じ歳ということで、「Tさんと私は双子の兄弟だよ」といっていた。Tさんも「私ばかりが話をしていてはいけない。あなたの話を聞かせてください」と応えていた。私はHさんと家族、兄弟、お墓の話をした。もう誰も「ポーズ」をかけるものはいなかった。否むしろ私が「ここはいい。もっとみんなで語り合いたい」と思うとき、ポーズをかけた。「老い」とか「孤独」がテーマになっていたのだが、それは「和解」とか「新しい家族のあり方」を語ることでもあり、不思議な明るさが私たちを包んでくれた。

二日目はジェニーさんもポーズをかけることはなかったそうだ。ジェニーさんに生い立ちを聴いてもらった人もいた。話すことがなくなり、ジェニーさんに、お国のオーストラリアってどんな国ですかと問うと、ジェニーさんはとても親切にオーストラリアのことを教えてくださったそうだ。

三　ワークショップを終えて

打ち上げは町内会館で、こらーるたいとうのメンバーのPさん親子の、かっぽれとコッペリアという東西の踊りを楽しんだ。お母様の切れのよいかっぽれもステキだった。くるくる回る、Pさんのバレエも躍動感に溢れていた。

ダニエルさんもジェニーさんも、「またすぐに日本に来たいです」といってくださった。遠くから通ったMさんも「来てよかったです。このところちょっと行き違ってしまっていたSさんによろしくいってくださいね」と帰っていかれた。

みんなの好意が胸に沁みた。私たちは、さまざまな人々に支えられて、ワークショップを無事に終了することができた。

第6節　病院調査活動に参加して

――精神科病院に隠されている日本社会の本質

二〇一五年の初冬に、退院率が極めて低いある病院を訪ねて、絶望的な気持ちに襲われた。日々に必要なタオル・下着・簡易な洋服のセットがレンタルで一日一五〇〇円だという。月額にすると、四万五〇〇〇円だ。まさに貧困ビジネスだ。古いタンスの中におやつが管理されている病棟さえあった。空気の流れが悪いからだろう。ひどい臭気だ。マスクをしていないと、耐えられない。隔離室は狭い廊下で一般の病棟から隔てられていて、コンクリートの塊の中に、生身の人間が閉じ込められているような印象だ。設備はひしゃげてさえいるのだ。こうした劣悪な環境が、精神的な病がある人々を治療するところといえるのだろうか。

私が最も強く感じたことは、「日々、無事に過ぎていく」ことへの恐れだった。異議をとなえ、抵抗することがないと、こうした病院はこのまま存続していく。自分が勤務する病院を職員が批判することもなく、情報も一切入らず、面会に来る人もおらず、世話をしてくれる人々は病院の職員だけという患者さんたちが、病院に対して異議申し立てを続けることは困難だ。適応していくしかないだろう。職員は職務をこなすことにおわれ、一日一日が過ぎていく。

患者さんたちは放置されているのだ。開放病棟や新築の病棟などでは、一見それは「自由」のように見えて、「のどかで穏やかな」印象さえ与える始末である。職員も「よくないことはよく承知している」という。そして声をかけてくる患者さんへ丁寧な言葉で「あとで」と挨拶をしてやりすごす。

売店があるので、外へ買い物に行くことさえない。むしろ売店ができる前は職員が患者さんを車で普通に商店に買い物に連れて行ったそうだ。散歩といっても、山道や坂道が続いている。バスが通る公道に出ても、お金も持たず、目的も持たず、許可もなければ、バスに乗り町に出ていくことはできない。

多くの病院が患者の金銭を管理し、管理料は一日一〇〇円から一五〇円ほどかかる。自己管理が許される場合は、ロッカー使用料が一日一〇〇円から一五〇円ほどかかる。金銭を管理する理由としていくつかの病院があげる理由は、硬貨を噛む患者さんがいるので、危険を回避するためというものだ。おやつも栄養管理や衛生を理由に管理する。服薬管理についてもかなり評判のいい病院ですら、退院が決まってから「自己管理」に切り替えるのだ。

精神科病院での社会的入院者の存在が問題になったのは昭和の時代からだ。「措置入院」が一〇年以上も続いている患者さんが大勢いた。初回入院で何十年も入院している人々も大勢いた。電気ショックについて「自分の思考能力が壊れてしまったのは、精神病のせいではなく、電気ショックのせいだと思う」、「電気ショックが怖くて離院を繰り返した」と当事者たちはいっていた。そのうえ当時はロボトミー手術の傷あとを額に残している患者さんもいた。開放病棟に移すために優生保護法の強制不妊手術をされた患者さんもいた。私も昭和四十年代、一時、精神科病院の患者であった。私が精神障害や食事や団欒にこだわるのも、この体験からだ。

一九八四（昭和五十九）年宇都宮病院事件が起き、日本国内外を問わず大きな衝撃と恐怖を与え、精神障害者の人権について再考する契機となった。一九八七（昭和六十二）年に精神衛生法から精神保健法に改正されて三〇年。現在でも、精神科病院での暴行事件が警察に通報されることは極めてまれで、行政と病院の間で処理されていく。先に紹介した二〇一二（平成二十四）年に起こった石郷岡病院事件では、二〇一四（平成二十四）年に被害者が亡くなり、やっと准看護師二名が傷害致死の疑いで逮捕されたのは二〇一五年になってからだ。このように精神科病院での人権侵害が絶えないにもかかわらず、障害者虐待防止法では病院に通報義務はない。

高齢になった患者さんは病院で亡くなっていく。大量の薬を服薬させられ、運動量は絶対的に少なく、太陽の光をあびることも極めて少ない。しかも環境が不衛生なので、ノロウイルスやインフルエンザなどが蔓延しやすい。そのうえ精神科特例で一般医療から拒否されている。

忘れてはならないことは、戦後七〇年間、社会は高度経済成長をとげ、バブル崩壊を経験した。そして現在は子どもの六人に一人は貧困状態にあると厚生労働省が発表している。日本の貧困は、人のいのちを大切にしないからではないだろうか。その象徴的な存在が精神科病院だ。この仕組みを支えるために、患者さんが拘禁され、人生を根こそぎに奪われてきた。さらにいえば地域社会が患者さんを排除してきたことは明白だ。このような歪《いびつ》な日本社会を支えるために、精神科病院という仕組みは存在し、患者さんたちが犠牲になってしまった。この構図は医療法や精神保健福祉法等の法制度の上に成立しているのだ。

今回の病院訪問の一番の成果は精神科病院に勤務する人々と直接話すことができたことだ。彼らはもちろん精神科病院は必要だと考えている。しかし精神科病院の変えなくてはならない体質もよく知っていた。人手不足で外との連携もできず、研修会にも参加しづらい。やりたいと思うグループ活動も実施できない。ある意味、彼らの悩みの中にこそ、変革の種はあるのではないか。病院の職員は地域の社会資源を信頼することができない。地域の社会資源で働く人々も経済的にも時間的にもゆとりがない。だからなかなか両者は出会うことがない。両者をつないでくれるのが、患者さんへの支援であるはずだ。

ドイツの作家レマルクの『西部戦線異状なし』という小説がある。彼が第一次世界大戦従軍の体験に基づいて書いた反戦文学だ。主人公の若い兵士が死んでも、司令部報告は「西部戦線異状なし」というものだった。翻って精神科病院の状況を観たとき、「精神科病院異状なし」では絶対にだめなのだということを、私たちは決して忘れてはならない。そのことをまざまざと思い知らされた病院訪問だった。受け入れてくださった病院の患者さんや職員の人々と、今後も協働していきたいと強く願っている。

第五章　仲間活動がもつ可能性
――社会的入院者の地域移行・地域生活定着支援

第1節　社会的入院について

社会的入院とは、医学的治療の観点からすでに入院の必要がなく、在宅での療養が可能となっているにもかかわらず、偏見・差別や地域社会での受け入れ先がないなど社会的な理由で退院できずに入院生活を余儀なくされている状態をいう。

わが国の精神医療の根本的な誤りは、一九〇〇（明治三十三）年制定の精神病者監護法から始まっているといえよう。精神障害者は社会の厄介者、あるいは社会にとって危険な存在という位置づけで社会から隔離してしまう方向、すなわち隔離収容主義を打ち出したことだ。そして家族に精神障害者の監督を全面的に負わせた。その隔離収容主義が安上がりの精神医療施策に直結した。一九五八（昭和三十三）年に、他科に比べて医師・看護師スタッフが少なくてよいとする医療法特例が出され、現在まで存続している。

「わが国の精神医療は、西欧諸国が収容施策を転換し、地域ケアへと移行していった一九六〇年代に急激に膨張し、そのまま一九八〇年代まで精神病床を肥大させていった。こうした精神病院のありようを『治療なき拘禁』と強く批判してきた人々は、『開放医療』『治療共同体』を掲げ自らの治療実践を続けてきた。一九八七年に成立した精神保健法はこうした一九七〇年代からの精神病院改革運動の成果であった」(岩尾、二〇一二)。

ところが皮肉にもこの精神保健法成立を転機に、精神病院は厚生労働省が主導する分類収容時代へと転換する。一九九四(平成六)年に精神科療養病床が分離され、社会的入院を存続させる基盤を作ってしまった。「医療現場では、『受け皿のない状態で病院から追い出すことはアメリカの病床削減でホームレス精神障害者を激増させた二の舞になる』『長期在院で退院を拒否している患者さんはむしろ病院においてあげることが幸せ』といった声が聞かれ、現場には退院が患者の権利ととらえる視点が弱かった」(木村、一九九八)ことも確かだ。

第2節　退院促進支援事業および地域移行・地域定着支援事業

精神障害者退院促進支援事業とは、当時三三万床といわれたわが国の精神病床のうち、受け入れ条件が整えば退院可能な七万一千人の社会的入院の退院を目標に、二〇〇三(平成十五)年度から開始された国庫補助事業である。その目的は「精神科病院に入院している精神障害者のうち、症状が安定しており、受け入れ条件が整えば退院可能である者に対し、活動の場を与え、退院の為の訓練を行うことにより、精神障害者の社会的自立を促進すること」であり、二〇〇八（平成二十）年度、精神障害者地域移行支援特別対策事業に移行した。さらに二〇一〇（平成二十二）年からは地域生活への移行、支援にとどまらず地域生活への移行後の地域への定着支援も行う事業へと見直しされ、事業名も精神障害者地域移行・地域定着支援事業へと移行した。二〇一三（平成二十五）年までの本事業による退院者は全国で五千人に満たなかった。

本事業は二〇一二（平成二十四）年度からは指定一般相談支援事業の「地域相談支援」に移行し、個別給付つまり本人の意思に基づく支援となった。本人からの申請となったことには意義がある。しかし課題が多く、最大の課題は財政基盤の整備がないことだ。全国の精神科入院者にこの事実を周知徹底させることが急務であり、この制度を説明し、利用できるように支援していかなくてはならない。また単価が極めて低く、事業者への負担が大きいといえる。

第3節　精神保健福祉法の改悪——新しい医療保護入院制度の問題

人間の深い心理を変えることは極めて困難であっても、法律や制度はマイノリティの人々の人権を擁護するためにこそ、その存在価値がある。しかし日本の多くの法律・制度はまったく逆で、心神喪失者等医療観察法をはじめとして、精神障害者を排除し抑圧する側に極めて有利にはたらくことが多い。

二〇一三年、精神保健福祉法の改正による新しい医療保護入院制度は改悪・後退としかいいようがなく、わが国の重大な問題点の存在を否定している。医療保護入院であったばかりに、退院について保護者の同意をとることが困難で、入院が長期化、つまり社会的入院となってしまった事例がいかに多いか。入院という入り口は極めて広く、退院という出口は極めて狭いという精神科病院入院の典型が医療保護入院である。曖昧な基準・判断の精神科医療や精神科病院への入院が患者の生存権を脅かし、わが国の精神医療福祉をいかに劣化させてきたかという反省が厚生行政にはまったくない。

改正精神保健福祉法にあるように、保護者制度を廃止することには異論はない。しかし新たな医療保護入院制度では「保護者の同意に代えて、親族三親等のうちいずれかの者の同意があればよい」という。「精神保健を根拠とした拘禁あるいは精神保健分野におけるいかなる強制的介入あるいは治療を許容する法律条項の改正。自由なインフォームドコンセントなしに、障害を理由とした障害者の施設収容を正当化している法制は廃止しなければならない」(二〇一三年三月の国連人権委員会での拷問等禁止条約特別報告官メンデッツ氏の演説、メーリングリストIK-nakusu[01548]より)という世界の流れがあるにもかかわらず、安易な強制的精神科入院が制度化された。三親等とは曾祖父母から甥姪まで含むのだから、一度も会ったことがない人間の同意で、一人の人間を精神科入院させるということができるということだ。

一方、心神喪失者等医療観察法には新たに保護者制度が導入された。心神喪失者等医療観察法には、①入院期間の長期化、②継続的な治療が困難なため、疾病に対する治療関係の構築が困難、③退院後のことが本法成立当初から考慮されてないこと、等の課題が多く、廃止を求める粘り強い運動が続いている。現状は医療観察法対象者とその家族への負担はより大きなものになっている。

第4節　生活保護法の見直しについて

生活保護を受給中の人々は、長引く不況や東日本大震災の影響もあり、二〇一三年五月には二一一万人となった。多くの精神障害者の地域自立生活を支えてきたのが生活保護制度である。その背景には制度的な精神障害者への強固な差別があった。隔離収容主義の精神医療、障害者欠格条項である。障害者総合支援法が成立しても、相変わらず他障害との福祉サービスや手当等での格差は大きい。また二〇歳以上になってからの発病という例も極めて多く、無年金者も多い。芸能人の親が生活保護を受給していたことについてのバッシング報道で、いかに多くの精神障害者がこころを痛めていたことだろうか。ただでさえ、多くの人々が生活保護を申請することに抵抗感を示す。その時、私たちは「精神病は病です。焦らず療養することと養生することがあなたの最も大切な仕事です」と説得する。

しかし、現政権は生活扶助の基準額を二〇一三年度から三年間で総額七四〇億円削減することを打ち出し、それに沿った二〇一三年度予算が成立し、引き下げが強行された。さらに生活保護法を「改正」し、扶養義務の強化や申請の様式化をはかろうとしているが、生活保護法制度の改悪は精神障害者の自立生活そのものを根底から崩壊させかねない。

第5節　社会的入院者とつながる

こらーるたいとうでは、精神障害・知的障害がある人々の地域移行・地域定着支援活動を根気よく続けることが、私たちにとって、最も重要な活動の一つであると考えている。精神障害がある人々を精神科病院に長く置きとめた責任は地域社会にもおおいにあるのだから、精神障害がある時も地域社会で生きていくこと、暮らしていくことがあたりまえであることを、もっと広めることが私たちの課題である。身体障害がある人々と同等の福祉サービスも、まだ精神障害がある人々には保障されていない。自己決定することにより修練していかなくてはならない。精神障害に関する差別や偏見を打破していくことに、なお一層の努力が求められている。

社会的入院は社会的排除であり、長期入院により起きる施設症は精神科病院や施設では治せないことを明確に示したのがノーマライゼーションの思想である。脱施設化の目標は地域社会に対等な人間関係を築くことである。けれどもこの一〇年間、わが国においては、心神喪失者等医療観察法、障害者自立支援法、生活保護法の見直しと、地域社会から障害者を疎外する動向は強まるばかりであった。

こうした現状にあって障害者、家族、関係者、市民がお互いに他者との連帯・連携の意義を深く考えなければならない。共生するためには共生するお互いが自己変革を求められているのである。

障害者総合支援法では、重度訪問介護の対象が拡大された。これは知的障害や精神障害がある人々もいわゆる見守りを含めた長時間の介助が使えるようにと、長年障害者団体が要望してきたことで、障害者運動の大きな成果である。また地域生活支援事業として、障害者、障害者等の家族、地域住民等が自発的におこなう障害者等の自立した日常生活および社会生活のための活動を支援する事業が加わった。

重度訪問介護では、障害支援区分4以上の人が対象となっているが、精神障害の場合、区分が低く出る傾向が強い。長期の入院により、地域生活の基盤が瓦解している人が多く、その再構築にはきめ細やかな支援が必須である。精神障害の特性にあった認定と支援の在り方を工夫し、社会的入院者や医療観察法の対象者の地域移行・地域定着支援に有効に利用していきたい。

私たちは実践で多くのことを学ぶことができた。入退院を繰り返した人々が、ずっと入院を続けてしまった人々に比べて、極めて社会性が高いこと。大家さんたちの親切が入院者の人々の生活を下支えしているか。最重度の人々、筋ジストロフィーで人工呼吸器をつけているOさん、脳性マヒ者のTさんやYさんも、病院訪問に参加してくれるようになり、この人々との出会いが、私たちや精神医療福祉分野に携わってきた人々にとって、ショックに近い気づきをもたらした。つまりどんな障害や疾病でも、医療や福祉や介護があれば、地域生活が可能なことをだ。人とのつながりの中に存在していたいという人間の欲求こそが、リカバリーの源泉であること。どんなに苦悩している人であっても、他者の役に立ちたいと願っていること。一人の人間や、小さなセルフヘルプグループや自立生活センターや地域作業所などが、制度や補助金とかのレベルではなく、一人の長期入院者とつながることがいかに大切なことなのかを学ぶことができた。

多くの困難に直面しても、生身の人間が、すなわち社会的入院者の人々が、その困難と取り組み、生きることを満喫する姿に応援団の一員としてかかわることができることは、こらーるたいとうにとっても、くれよんらいふにとっても、非常な喜びであることは確かである。

第6節　NPOこらーるたいとう&NPO障害者権利擁護センターくれよんらいふの病院訪問活動と退院支援活動

こらーるたいとうは、ひきこもりやうつ病の体験をもち、精神科病院・共同作業所・障害者団体等でソーシャルワーカーとして働いてきた私が、自立生活センターやピアカウンセリング、仲間による支え合いの必要性を実感し、精神障害者が中心を担う自立生活センターとして、一〇名程度の障害がある仲間、精神科医や教員や市民とともに設立したのである。

一九九九（平成十一）年十月にはこらーるたいとうと同じ事務所に、NPO障害者権利擁護センターくれよんらいふを併設し、東京都社会福祉協議会から委託された自立生活支援事業（旧地域福祉権利擁護事業）を実施していた。

この二つのNPOはそれぞれ異なる代表者や理事会のメンバーを有する独立した組織である。しかし組織としては独立しているものの、同じ空間を共有していること、両方のNPOが共に権利擁護を活動の中心にしていることなどから、実施されている活動のいくつかは二つのNPOで共有されている。病院訪問と地域移行・地域定着支援はこらーるたいとうとくれよんらいふが協同している活動である。

こらーるたいとうでは、精神病の体験をもつ人々はピアサポーター、それ以外のメンバーはパーソナルアシスタントと呼ばれ、活動の主体はピアサポーターであることが主張されている。またみんなで協力し合うこと、対等な関係を維持することを理念としてもっている。

二〇〇四（平成十六）年六月から都内のA病院への友愛訪問活動（地域移行支援）を始めることができた。こらーるたいとう主催の「ピアヘルパー養成講座」が修了者二二名を出した直後のことであり、修了者の活動先を開拓していたことが、友愛訪問活動を開始した理由の一つである。また、同じ事務所で活動しているくれよんらいふが、東京都社会福祉協議会からの委託を受けて行ってきた地域福祉権利擁護事業が入院中の人も利用できるようになった年でもあった。

こらーるたいとうの友愛訪問活動の目的は、支援の受け手であったメンバーが、語り部・ガイドヘルプ・生活支援を精神科病院の入院者や退院者に提供することにより、マイナス体験として認識していた精神障害体験をプラス体験として捉え直すことで、人間としてリカバリーしていくことである。「精神障害体験者だからこそできること」を尊重してきた。「支援者」という役割でなく、障害や病を抱えながら地域社会で生活している人々がありのままの姿で病院を訪問し、入院者と交流することで、結果的に「サポーター」という役割をになっている「仲間」としての活動である。つまり「精神障害体験者」として、ありのままの姿で「サポーター」となり、社会資源となりうることを示したい。こうした姿勢で退院促進支援活動を続けることが、こらーるたいとう、入院者、治療者等関係者のそれぞれにとって、エンパワメントになっていると考える。

第六章　地域移行・地域定着支援活動でかかわった仲間の体験
――あたりまえに地域社会で暮らしたい

※年齢は体験をインタビューした当時の年です。

第1節　仲間の体験

一　退院して、好きなときに一番風呂に入っています

Aさん（女性、六八歳）

（1）入院させて下さい

Aさんが A病院へ入院したのは二〇〇〇年前半だ。それまでにAさんは一～二回、精神科病院へ入院したことがある。A病院へ、Aさんは突然「入院させてください」とひとりでやってきた。Aさんは「隣人から、空気銃を撃たれて、家で生活するのが辛い」と訴えた。

Aさんは東北地方の生まれだ。父が公務員だったので、父親の勤めの関係で、何度も引っ越したそうだ。面会には兄弟が来てくれた。Aさん以外の兄弟は普通の生活を営んでいた。

Aさんにはある程度の援助があり、本人が退院に意欲的になれば、退院できる人だとA病院の

スタッフは考えていた。Aさんは不安だったのだろう、退院については拒否的であった。主治医のB医師はそんなに力を入れずに、かなり看護師のほうが積極的にAさんの退院支援にかかわった。B医師は病状とか、具体的な身体の症状とか、退院以外の別の面で困っていることがないかどうかということを聴くように心がけた。Aさんは入院時と同じように、他の患者や看護師に空気銃を撃たれるとか磁石を当てられるとか、そういうことを訴えた。一週間に一度は面接を重ねた。AさんのほうからB医師に声をかけてくることもたまにはあった。身体の具合が悪くなったときとか、薬を処方してほしいときはAさんのほうからB医師に頼みに行った。Aさんはそんなに薬を飲みたがる人ではなかったので、本当に具合が悪かったのだろう。

(2) 一三年後の退院

Aさんは他の患者ともあまり交流がなかった。看護師との交流も特に強かったわけでもない。そういうAさんだったが、家族にはよく電話をしていた。年に何回か外出していて、友人もいる様子だった。

Aさんの退院の相談については、最初は兄がやってきた。兄の体調がすぐれなかったり、忙しい時は、弟がやってきた。

Aさんは養護老人ホームをいくつか見学した。Aさんは生活保護を受給していたが、Aさんは決してそのことを他者にはいわなかった。Aさんが納得するような養護老人ホームはなかなか見つからなかった。Aさんは結局、A病院の近くにA病院が作ったグループホームCの滞在型に二〇一三（平成二十五）年の初夏に退院していった。

（3）事務長に直談判して退院先を決める

A病院が退院支援を開始してから五年以上たっていた。Aさんの担当D看護師は、Aさんの元の担当者を信頼していたので、元の担当者の「Aさんは退院できる人だ」という評価をそのまま受け入れた。どういうところを支援したらいいのか、Aさんが退院できないのは、何が原因なのだろうかと、D看護師はずっと考えていた。D看護師の性格は熱心になりすぎてしまうところがあるので、B医師には、役割分担として、治療上のこと、薬物調整とか病状的な面を分担してもらった。同時にAさんに自信を持ってもらうために、「先生もOKといっているし、病状も安定しているという先生の見立てがある。だから自信をもって次にいこう」と、励ます時にB医師に登場してもらった。

Aさんは地域生活を送る現在でも、妄想的なことは日常的にある。けれどもそれは別に悪いことではない。うまくつきあえている。彼女は固有名詞を出してバッシングすることもあるけれど、グループの中でそれはルール違反なんだと気づかされると、最後はD看護師に攻撃は向いた。D看護師が意地悪をしているとか、文句をいい出したときはさすがにD看護師も辛かった。距離を置きたいと思った。細かなことは代行のケアワーカーや別の看護にかかわってほしいと思うほど耐えられないこともあった。友愛訪問の中で、ピアサポーターたちが「そういうふうにいうと、担当看護師のDさんもやりきれないんではないかしら。Aさんが本当にDさんを信頼しきっているから、そういうことをいうのだと思うけれど、Aさんも少し遠慮したほうがいいと思う」と伝えると、Aさんはふっと我にかえった。

何軒か養護老人ホームを見学すると、一カ月のお小遣いは一万二〇〇〇円程度であることがAさんにわかってきた。「これではとてもやっていけない」とわかったことも、別の方向に退院先を見つけることへの動機となった。Aさんは自由にやりたい、お金の管理はできる。またAさんは誰かと同室であるというのも嫌がった。Aさんは自分の部屋がきちんとあるのがいい。それでグループホーム見学を始めた。しかしどこもAさんは納得できなかった。夜になると世話人がいない、隣りの部屋の物音が気になるとか、風呂は共同とか、玄関が一緒だとか、どこかAさんを不安にさせる要素を持っていた。グループホームCはワンルームで、風呂もそれぞれの部屋についていた。指示的なことは一切いわない、穏やかな常勤の世話人Gさんの存在もAさんを安心させた。何人もの患者さんがグループホームCへ退院していき、落ち着いて生活している。

いくつまでに退院するのかと訊ねると「六五歳までには退院したい」とAさんは答えたことがある。「六五歳」という期限に、Aさんもこだわっていた。そうしないと、このまま院内に留まることになる。

「どうしよう」とAさんが困っていたときだった。友愛訪問でピアサポーターが思わず勧めた。

「それなら、事務長さんに直談判してみたらいい」。

すぐにグループホームCに入居できなくても、Aさん自身がはっきりとその意思を伝えることでAさんの気持ちが固まってくるといい。事務長はすぐに、自ら病棟へ来てくれた。D看護師はAさんの背中をそっと押した。「せっかく事務長さんが来てくれたのだから、不安よりも何よりも、Aさんの希望を伝えましょうよ」。グループホームCは世話人さんもいて、自分の部屋もある。滞在型がいい、できれば一階がいいと、理路整然と冷静に事務長にこうしたいと思うことを伝えたのである。その後にAさんは、自分はこれまで苦労してきたこと、兄弟間のことをきちんと事務長に伝えた。

その三カ月後、グループホームCの滞在型が空いた。Aさんは生活リズムさえ崩さなければやっていける。D看護師もケアワーカーも、Aさんの地域生活が定着するまでサポートすることに決めた。現在も退院後もかかわっていこうという決意をD看護師もケアワーカーも実行している。四季折々、年に三回から四回は買い物へ一緒に行く。

（4）担当看護師さんの正念場

Aさんは一三年間ほど、A病院に入院していた。五五歳ぐらいで入院してきた。若い頃はホステスみたいな仕事も、会社員みたいな仕事も、デパートの店員のような仕事も、短期間ではあっても経験を重ねてきた人である。寮で暮らすことは嫌がり、アパートで一人で暮らしていたこともあった。中学生くらいまでは、七人きょうだいのただ一人の女の子として、厳しく育てられた。

人生を取り戻すというような、できていたことを取り戻すという作業に時間をかけたD看護師たちの看護実践が行われた。習性ともいえる妄想絡みになっていくAさんであるが、その習性ともうまくつき合えればいいだけのことだ。D看護師は研修会や事例検討会の機会を使って、Aさんの対人構築の脆弱さを丁寧に探っていった。D看護師は妄想だと決めつけるのではなく、実際にそういうこともあったかもしれない、あったとして……という感じでAさんの話に入っていった。困ったときの対処はAさんはできている人だったので、できることはきちんと認めた。言語化してはっきりと認めることが大切だった。AさんがSOSを出してきたときにはすぐ対応した。D看護師が修繕などすると、Aさんは素直に喜び、D看護師のことを「すごいねえ」とほめた。

SOSが出せるようになると、すぐに対応できることと待ってもらうことがあることを理解してもらう。そして適切な場所や人にSOSが出せるように学習してもらった。

Aさんはいう。「薬は変えないでください。夜眠れなかったら、昼間寝ればいいのですから。私は大丈夫です」。

（5）幻聴が注意してくれる

Aさんの幻聴は、時々注意してくれるらしい。「Aさん、絨毯の下を掃除しないとカビがはえているよ」。そうしたら本当にカビがはえていた。幻聴は悪いというより、話半分に聞いておいて後で確認してみるのも悪くない。Ａさんの幻聴は結構役に立つ。「今のうちに帰らないと雨がふるよ」と声をかけてきたこともあったという。心の声や自分が心配しているようなことが聞こえるのだろうか。この話を聞いてＤ看護師は、Ａさんは地域で生活する人だと思った。

Ａさんの肌はとても七〇歳近いとは思えないほどツヤツヤしている。節々が痛いとこぼすが、体重をコントロールして、太って膝が痛くならないように予防している。やはり幻聴が注意してくれているようだ。Ａさんの幻聴は、指摘してくれたり、厳しくいったりして、守ってくれる。まるで母親のようだ。

（6）「いいなあ。俺たちもこんな家に住んでみたい」

Ｄ看護師は長兄に退院についての話をするため電話したことがあるが、「何とひどいことをいうのか」と怒鳴られてしまった。余りにも長い間、精神科病院に任せきりだったので、兄弟間の中ではＡさんを一生精神科病院に入院させておいてもらえるものと決めてかかっていたのだ。東日本大震災の後で、大震災のあおりを受けて東北に暮らす長兄も大変な様子であることが伝わってきた。しかしＤ看護師は「Ａさんの今しかない人生があります」と毅然と繰り返した

Ａさんは実の兄弟よりもその連れ合いたちに親しみを示す。Ａさんの問題行動の対応に東奔西走してくれたのは彼女たちだった。Ｄ看護師は彼女たちからもひどいバッシングを受けた。時間をおいて、「経済的には生活保護がある。支援は病院と世話人さんがやっていく」とＤ看護師は

手紙を書いた。そしてD看護師は「Aさんはご兄弟がどんなふうにご自分のことを考えているのか大変気にしている。だからご兄弟には見守っていただきたい。願わくば、退院をしたら一度、Aさんを訪ねてあげてください」と書き添えた。それから返事はなかったが、文句もいってこなくなった。そしてAさんは退院した。

兄弟はたまに、Aさんを訪ねてくる。「いいなあ。俺たちもこんな家に住んでみたいよ」といってくれたことが、Aさんにはたまらなく嬉しかった。

Aさんは一三年七カ月入院していた。その間、一度も病院の湯船には入らなかったことをD看護師は後から知った。「ごめんなさい」とD看護師はAさんに詫びた。「今、一番風呂に入れるからいいの」と、AさんはD看護師を労わった。

二　孤独を噛みしめて生きた

Cさん（五九歳、男性）

（1）病院の片隅で

CさんがA病院に入院したのは一九七七（昭和五十二）年、二一歳のときだ。初診で入院となった。Cさんは高等学校を卒業後、美術系の専門学校へ進学したが中退している。二〇〇二（平成十四）年、Cさんが開放病棟からリハビリテーション病棟に転棟してから退院していくまでの四年間、E看護師がCさんを担当した。E看護師がかかわった頃、Cさんは意欲が低下して、自閉的な感じであった。基本的には担当看護師はよほどのことがない限り替わらない。関係性を育む一方で、距離が近くなり、看護も客観的に、冷静に見られなくなることもある。その辺りを補うのがケースカンファレンスだ。当時、S看護師長を中心にして、担当制であるプライマリーをはじめたり、リハビリプログラムをはじめた頃だった。

（2）退院できる人として位置づけられて

Cさんにはまず毎日あるモーニングミーティングを勧めてみた。そしてE看護師が司会のとき、Cさんに「やってみなね」とマイクを持たせてみたりした。スタッフの役割を患者さんにやってもらったのである。それまでは、Cさんは同じ部屋の患者さんの名前すら覚えていなかった。それが他の患者さんの名前を覚えたり、その人の趣味は何かと興味を覚えたりしはじめた。そして少しずつ活動の範囲が広がっていった。「今度は一時間の『さくら会』に参加しようよ、座っているだけでいいよ」と、少しずつ広がっていった感じだ。

それまで、起きたら売店で菓子を買ってきてといったように、活動の範囲や場所など内容がずっとパターン化されていたのが、少しずつ変わってきた。ちょっと外へ行ってみたいなという発想になった。Cさんにとって病院の正門から外へ出たのは、実に何年ぶりかのことだった。二〇〇二年の転棟の頃までCさんはほとんど外へ出なかった。閉鎖病棟にずっといたこともあった。

Cさんは「電車で新宿に行きたい」などといいはじめた。E看護師とCさんは一緒にしょっちゅう外出した。

（3）Cさんの語り

Cさんは退院し、かかわる人々の役割に応じて、これは看護師へ、これは医師へ、これは福祉事務所へ、これはくれよんらいふの私たちへと、相談事を分ける能力を持つ人だ。二〇一五（平成二十七）年一月の東京集会でのCさんの言葉である。

「まああの生活を送っています。苦しくもないし、辛いこともありません。ひと月の生活費は八万四千円程度です。一日三千円ということになりますが、使うのは一八〇〇円ぐらいにして、あとは貯金しています。一月二十六日が誕生日でしたので、ちょうど五九歳になりました。退院をしてから九年間がたちました。退院してから、まああ順調に過ごしています。くれよんらいふもよくやってくれましたし、ヘルパーさんも助かっています。ヘルパーさんは一週間に一度木曜日に一時間半来てくれます。料理を一食分作り、掃除をしてくれます。

病院のデイケア・ナイトケアに木曜日と日曜日をのぞいて、月曜日から土曜日まで通っています。土曜日はデイケアだけで戻ります。デイケアではさまざまなプログラムをやっていますが、私はほとんどプログラムには参加せず、タバコばかり吸っています。一日三〇本吸っています。私のようなメンバーは少ないですが、他にもいます。

前の主治医が退院させてくれました。退院してから主治医が替わりました。今の主治医のところへ週一回診察に行っています。私は太り過ぎてしまい、『一一〇キロ以上になったら入院してダイエットしよう』といわれています。

生活保護の担当者も優しい人です。半年に一度、家庭訪問してくれます。私のほうから、駅前にある福祉事務所に行くこともあります。

三〇年間近く入院していました。楽しかったことも辛かったこともあります。友だちができたこと、友だちと喫茶店に行ったりしたことは楽しい思い出です。職員も優しかったです。落ち込むと辛かったです。

退院するときは多くの看護師さんが応援してくれました。時間をさいて、相談にのってくれたり、一緒に外出して励ましてくれました。

入院一四年目の頃に一度、生前の母親に『どうしてこんなに長く入院しているのだろうか』と訊ねたことがありました。母は何もいいませんでした。それからは『ああ、一生ものか!』と思い、黙っていました。もともと入院したのは友だちがいなかったからです。母親がこの病院を見つけてくれて、『入っていなさい』といったのです。

退院をして、ご飯を作ることが難しくて、『入院していたほうが楽だったなあ』と何度も思いました。しかし夏、池袋でカキ氷を食べたとき、あまりのおいしさに『ああ、退院しているっていいなあ』とつくづく思いました。今は、友だち、タバコ、池袋や渋谷に好きなときに行くことが楽しみです。池袋までもっとちょくちょく行きたいです。

入院については主治医が『入院しなさい』といえば入院しますが、自分からしたいとは思いません。グループホームにいたこともありますが、友だちがそばにいた点では、今のアパート生活より、グループホームのほうが楽しかったかなあと思うこともあります」

（4）脱施設化とリハビリテーションの違い

E看護師が入職した当時、A病院では開放病棟の中には夜の十時頃までテレビがついている病棟もあった。自由だった。いろいろ事故もあったかもしれないが、ルールもなく、「脱施設化」に取り組んでいたのかもしれない。今はいろいろなルールがあり、それに違反するとすぐ取り上げる。いろいろ話し合う。それを揶揄した人が、「脱施設化とリハビリテーションの違いだ」といった。自由は責任を伴うことなのだけれど、無責任というか、開放だからこそ見えないいろいろなことがあり、お互いの信頼とか約束とかがあるはずなのに、その辺りはあまりなかったのかもしれない。そこにS看護師長がやってきた。

そのことで一瞬にして全部変わった。考え方から体制から何から何まで変わった。S看護師長は全部文書で出したので、情報やS看護師長の意図が正確に伝わった。すぐにディスカッションや話し合いをした。他の病棟にも、「自立」という表現が適切かどうかわからないけれど、リハビリテーションで退院をめざせそうな方はいませんかとご本人に会いに行ったり、他の病棟からリストアップしてもらったりした。その中にCさんがいたのである。Cさんは超長期入院だということで、どうだろうかという懸念もあった。元の担当者が背中を押してくれて、Cさんがリハビリテーション病棟に転棟してきたのが二〇〇二年だった。

(5) F看護師さん

Cさんには Fさんという代行看護師もついていた。CさんはよくF看護師の話題をした。「男みたいだけれど、信用できる人だ」。F看護師とE看護師は一緒にグループ活動を担当した。E看護師がいないときは、F看護師が代行することも多かった。いろいろな意思決定を求められるときに、F看護師は、ザックバランな調子で、温かみのある姿勢でCさんたち患者に向かい合う人だった。表面的ではないF看護師の姿勢をCさんは理解したのだろう。F看護師にとって、Cさんはなんでもできる人だった。先頭を切ってできる人だ。悪いことをするのも先頭を切っていたけれど。一番強烈に覚えているのは、ホールの真ん中に何人か集まってワイワイやっていたことだ。何をやっているんだろうと思ったら、Cさんが中心になって、買ってきた生餃子をそのまま食べていた。見つけたときにはほぼ食べ終わっていて、とても心配したけれどみんなケロッとしていた。みんな口を真っ白にして、おいしかったようだ。

F看護師は、患者さんを患者さんというふうには見ていなくて、一番話しやすい友人というふうに考えていた。病気について直接触れたり、症状としてみるのではなく、今こんな状態ですという一つひとつの物事や問いかけにきちんと対応するという姿勢だった。あやふやな返事を返しても患者さんはわからないから、きちんと答えたいという姿勢がずっとF看護師にはあった。「だから、怖いんだけど頼りになるみたいな。だから楽しかった」と、CさんはF看護師のことをいつも懐かしがったものだ。

(6) 患者さんの表情がいきいきしてきた

E看護師はS看護師長のやり方にだんだん共鳴するようになった。成果が出た。非常に時間も手間もかかるのだが、成果は明らかだった。退院者が増えたこと、患者さんの表情がいきいきしてきたこと、日々の微細な変化が増えてきたことなどだ。E看護師には患者さんのできることがたくさん見えるようになってきた。「もしかしたら、この人もいけるかもしれない」みたいな感じになってきた。「この人は何をやってもだめだ」という看護師の一言で人生が決まってしまうのは極めておかしな話だ。今までの既成概念を払拭して患者さんを見なくてはいけないと気がつかせてくれた。

Cさんといえば夏祭りのお化け屋敷のミイラ男だ。A病院では以前はかなり大規模な夏祭りをやっていた。患者さんたちと実行委員会を作り、みんなで話し合って決めていった。Cさんは発想の豊かさや積極的に提案する一面を「お化け屋敷」で披露することになったのである。不器用で、表現が苦手と見られていたCさんが、上からコンニャクを吊ることを提案してくれた。「こんなシンドイこと二度とやるものか」といったミイラ男も、実はCさん自身の発案だった。看護師たちが「真夏にミイラ男は大変だよ」と注意したのに、Cさんは「どうせならリアルなほうがいいじゃん」といって、包帯をぐるぐる巻きにして身にまとったのだ。

退院の障壁となるのは、スタッフの姿勢、家族の姿勢や、その結果としてのご本人たちの諦めが病棟全体に回ってしまうことだ。リハビリテーションの目標を設定すると、それが患者さん自身、看護師、医師、家族などを動かす動機づけとなって、みんなが動き出した。Cさんが退院した後、E看護師、F看護師が勤務していた病棟からは二〇名ぐらいの長期入院の人々が退院していった。

(7)「孤独を噛みしめて生きた強い人だった」

二〇一五年十一月。Cさんは急逝された。五九歳だった。遠い親戚の人々がお別れ会というお葬式をした。Cさんの友だち、病院のスタッフも参列した。親戚の方がこういわれた。

「りっぱなお母様でした。でもCさんをずっと入院させておいたことは間違っている。どんなに遺産を遺してくれたとしてもいけなかった。普通に退院して生きれば、どんなに可能性があったかしれない」。「家族に縁の薄い人だった。さびしかったと思うが、今日みなさんにお目にかかることができて、本当に救われた思いだ。温かい人々に囲まれて、Cさんはさびしい人ではなくて、孤独を噛みしめて生きた強い人だったのではないかと思った」。

祭壇の遺影はちょっとはにかんでいるCさんの笑顔だ。Cさんはナイトケアの帰りに友だちといつものたこ焼き屋に寄った。けれどもそこが休みだったので、日高屋に入った。Cさんの最後の晩餐は日高屋のラーメンだったそうだ。

三　その人らしさを大切にする重要性を教えてくれた

Dさん（六五歳、男性）

（1）その人らしさを大切にする

Dさんは「ゴールを院内寛解とすることは一切やめよう。その人らしさを追求する」ことになった一人である。

Dさんは統合失調症だ。A病院に入院した頃は、兄弟もよく面会に来た。家族は、家に戻るとDさんがすぐひきこもってしまうので、退院させてほしくないといっていた。母親が生きていた頃は、数回入院しているが、短期間で退院していった。

一六、七年前までは、現在のように退院、退院とはいわなかった。グループホームAができたのが、一六、七年前である。その頃のDさんは、自分のペースで動くことはできる人だった。しかし他の人々とのペースにズレがあった。だから食事も最後に取りにきて、他の患者さんが終わって片づけが済んだ頃に食べ終わり、食器を戻しにくるというペースだった。

Dさんが入院していた病棟はリハビリテーション病棟だったので、自分のペースで、食事もその時間でなくても取っておけたし、自由に外出もできた。しかし消灯時間が遅く、面会も自由だったので、いろいろなことが起きて、だんだん病院としてのルールが厳しくなった。「脱施設化」も、ある面A病院のとてもいい面だった。食事も人それぞれでわりと自由にさせた。その頃、退院できなかった人々が長期になった。

Dさんは脱施設化時代から入院していた。「脱施設化」を指標した自由な雰囲気の中では、Dさんはまったく目立たない存在だった。優しい人々と多少のかかわりはあった様子だが、本当の友人のような人はいなかった。

Dさんから退院希望が出たことはなかった。ただ昔住んでいたところに一回行ってみたいなあといっていたことはある。どうせ退院するならそこ住みたいなあといっていた。その町の保健所でグループを始めたので、担当看護師だったH看護師は「行ってみましょう」と誘って、一緒に行った。H看護師が入職してからは、そんなにDさんが外出する姿を見かけなかったけれど、若い頃はA病院の周辺を結構歩いていたそうで、バスの方向も、コンビニエンスストアやスーパーまでの道も、Dさんは覚えていた。

保健所の保健師も栄養士もとても親切にしてくれた。週一回で五、六回あり、一カ月半ぐらいでワンクールだった。Dさんは真面目に通った。行くと決めたらきちんと行く。しかし何か自分の思いが入って、行かないとなると行かない。休んだことが一回ぐらいあったが、半年間、Dさんは通った。H看護師は最初の一、二回はついていったが、あとはDさん一人で通った。

A病院の病棟建て替え工事がはじまり、高齢者の多い病棟とDさんたちがいた病棟が合併することになった。治療やケア方針もまったく違うことに、二つの病棟のスタッフはもちろん患者さんたちも混乱した時期がある。慣れるまでには時間がかかった。

そんな時期も、Dさんはマイペースだった。「無論、人としては退院したほうがいい。しかし独特な食べ方をするDさんのような人は、入院生活が身体を守った面もあったのではないか。ある日喫煙所で、Dさんが一キロとか二キロの単位で買ってきた生のベーコンを食べていた。検査値も非常に悪くなり、大変だというので、『それはいけない』と主治医や看護師で諭した。食事も低カロリーの低脂肪食にした。すると体型もよくなった。なんでもかんでも退院してよかったというと……。正直、身体のことは心配している」と担当看護師であったHさんはいう。

わりと早い段階からDさんは薬の自己管理ができていた。H看護師の前の担当者が自己管理を勧めてみたところ、一回も間違えなかったそうだ。しかし生活面での指導にはなかなか乗らなかった。このグループに入ろう、朝はみんなと一緒に洗面しよう、食事の時間を守ろうとかそういうことにまったく乗ってこなかった。いい続けたら少しずつ食事も早くなり、配膳の一番最後ぐらいには来るようになった。みんなが食べ終わり、残りものとして置いてあるところに取りに来るような人だった。対人関係が苦手だったのだろうし、人と競争して何かをするということが苦手だったのだろう。

（2）炎天下、グループホームを見学する

Dさんが入院していたリハビリテーション病棟では、患者さんにもたくさんグループを立ち上げて勉強してもらった。薬はなぜ飲むのだろう、なぜカロリー制限をしなければならないのだろう、そういうことを勉強した。しかしDさんはまったく振り向かなかった。ところが外の保健所が開催した退院支援グループにはしっかりと通ったのである。次の年もDさんは保健所のグループに通った。しかし退院したいとはいわなかった。

その後、八月の夏の盛りに「見学してみるだけ」といって、友愛訪問にやってくるピアサポーターたちと、H看護師とDさんはグループホームの見学に行った。見学を終えて帰ってきても、グループホームには行かないといっていたが、ある日、喫煙所をH看護師が通りかかると、「見学したグループホームAへ行きたい」とDさんは声をかけてきたのだった。

「退院するからには絶対A病院へは戻らない」といってDさんが退院して行ったのは、翌年二〇一一（平成二十三）年の三月だった。

退院後、Dさんは「A病院は病気の人がいるところだから。自分はもう治っているから」と決してA病院内のグループ活動には参加しない。しかし二週間に一度の外来通院は欠かさず来ている。

（3）グループホームAの世話人さんの意見

「Dさんは四十年近く入院していたので、基本的な地域でのルールだとか、そういう共同生活のルールというのはまったくなかった。そこをどうDさんに伝えていくか、守ってもらうかという声かけから始めた。そこが一番大変だった。またDさんは常に幻聴と妄想の中で生きているようなところがあるので、いかにDさんの世界と現実をすり合わせて、Dさんが納得して行動に移してもらえるか。そこが一番かかわっていく上で気にかけたことだった」

基本的なルールというのは、たとえば、飲んだものの空容器をそのまま置いておく、食べたものの食器をずっとそこに置いておくようなことは、共同生活では他の人からよく思われないというようなことを伝えていった。Dさんはやりっぱなし、出しっぱなしというのが多かった。

病院だとなんでもしてもらえる。たとえば薬のこと、食事、空調、外出、掃除ということが全部管理されている。それがグループホームへ来たら、全部自分で考えて、自分で動かないといけない。Dさんにとって最初は大変だったと思う。病院にいると、考えないで苦労せずに生活できてしまう環境がある。暑い、寒いと思うこともなかった。周囲が適切に調整してくれるからだ。だからたとえば、何度が適温なのか未だにわからない。部屋のエアコンが二八度になっていて、こんなに暑い日なのに毛布を被って、今日は涼しいですよといってみたりとか。食事も、病院にいると栄養バランスを考えたものが三度出てくる。けれども、グループホームではある程度は本人に任せることになっているので、Dさんの食生活を見ると、ほとんど飲み物だけのことすらあった。

固形物というとハムやベーコンだけになってしまう。宅配弁当を入れたのだが、見ていると、部屋に三、四個ためて結局は捨ててしまっている。そこで宅配弁当は夕食だけにして、昼は自分の一日の生活費の中から食べたいものを買う練習をしようということになった。ところが見ている限り、パンやお弁当は買ってくれない。やはりハムやベーコン、あとは飲み物だけになってしまう。一カ月ぐらいカレーパンにはまった時期と、カップ麺にはまった時期があって、固形物をとっているなあと思ったのだけれど、Dさんの中でカップ麺は冬に食べるものだという考えがあるようで、夏になるともっぱらハムやベーコンと飲み物になってしまう。

しかし、世話人さんが、ああなるほどな、と思ったこともある。飲んだ空き缶を当初持ち帰らなかったので、「どこに捨てているの、この辺の自動販売機はゴミ箱がないね」という話をしたら、「自動販売機のところにきちんと置いておくと、必ずなくなっている、掃除をしてくれている」と。「だから僕は捨てているわけではない。処分してくれる人がわかりやすいように置いているんだ」とDさんはケロっとした表情で答えたそうだ。

A病院が依頼してきたことは「その条件を少し緩めてほしい、四十年近く入院生活をして、やっと地域社会へ出るのだから、ルールでガチガチにはめ込むのではなく、ご本人が地域社会に出ることができてよかったと思える体験や経験をさせてほしい」ということだった。そこでグループホームは、最低限のルール以外は、本人のペースだとか希望をなるべく汲み取るようにして見守ってきた。

結局、A病院のOT（作業療法）には通所しなかった。夕食会には、自分が司会のときにはきちんと出た。けれどもミーティングが終わり、これから肝心の食事となると、具合が悪くなったから休んでくるといって自分の部屋に戻ってしまい、そのままになってしまった。みんなが食べ終わると、出てきてひとりで食べていた。世話人としては疲れるというか、いきづまってしまう。Dさんはこのグループホームの次にはずっと居ることのできる滞在型のグループホームへの移行が想定されていた。しかし訪問看護のOさんがアパート生活を提案したら乗ってきたDさんである。予想外な人々が結構アパート生活を営むことができて、もう絶対に入院はしたくないといっている現実がある。

（4）支援の意味が生まれるとき

Dさんは自分はボーンと生まれたんだといったことがある。だから自分には父母はないと。そんなことあるだろうかと問うと、いろんなことがあるんだとDさんはいっていた。Dさんの両親は当時、バタ屋と呼ばれた仕事をしていたらしい。今でいう廃品回収業である。現在ゴミ問題は行政の仕事になっているけれど、昭和三十年代前半頃まではバタ屋がなくては困った。Dさんはどうやらバタ屋を非常に低い仕事と位置付けているらしい。Dさんの話を聞いていると、家族も非常に苦労の多かった人々なのではと想像できる。家族は自分たちがこれだけ思っているのに、Dさんにそういう対応をされると悲しいものがある。戸惑うといっていたそうだ。

グループホームの世話人さんはいう。「誰だって自分の家が暗いのって嫌だと思う。辛いときにつらいといえるのがわが家ではないだろうか。そういう場所にしたいと願ってこのグループホームを運営してきた。みなさんが『ここ明るくなったね。楽しくなったね』といってくれる。みんなが気持ちを隠さずに話してくれるようになった。頼るところは頼ってくれるようになってきた。できない自分を見せると馬鹿にされると思っていたらしいが、そうではなくてできないところを見せてよ、そこを支えるのが私たちだし、そこをできるようにすればいいだけのことじゃないといったら、結構みんなわかってくれた。まったく音沙汰のなかった以前のメンバーやスタッフだった人々もまた訪ねて来てくれるようになってきている」。

Dさんは生い立ちからして「わが家」という感覚が希薄だった。だからグループホームAでは帰属感や共同意識をもつことに重点を置いてきた。Dさんのような人こそ、退院して地域生活をしてほしいと思う。確かに金銭管理もでき、どこかに通所することもでき、食事の調達が自分でできるような人々はグループホームを利用する必要はないだろう。「できなさ」があるからこそ、グループホームの支援に意味が生まれるからだ。

四　病気の体験・一人暮らしの体験

Vさん（五〇歳、男性）

僕は変わった子どもだった。感受性が強かったり、世間知らずだったり。僕は三歳のときに大阪から東京へ来たのに、大阪でいじめられたことを決して忘れない。子どもの頃は落ち込んではブランコにひとりで乗っていた。東京でなめられてたまるかと思った。小学校二、三年生のときに空威張りして、みんなに心配をかけた。四、五年でクラス替え、その時いじめられたり、殴られたりした。ケンカの強そうな子が助けてくれた。少年野球に入った。「本当に野球をやりたいの？」と兄さんやみんなに聞かれた。ユニホームに憧れたんです。中学生のとき、ツッパリグループに勢いで入った。そして使い走りをやった。抜け出す手順がわからなかった。やっと中二のとき、抜け出すことができた。そこから勉強して、A学園に入った。塾に通い続けた。なんとか一番を取りたかった。英語が得意だった。特待生の少年にはかなわなかったけど。

周囲の人々には、心配をかけとおした。友だちの意見が素直に聞けなかったし、人とのつながりが怖かった。そんな僕に商業科のA先生はよくしてくれた。いい本を教えてくれたりした。高一のときは勉強にもスポーツにも打ち込んだ。本当は商学関係の大学に入りたかったが就職した。

高校のときから躁うつの波が激しかった。落ち込んで、誰とも話したくないとき、本を読んだ。就職はBという住宅設備機器を扱っている、小さい商社に決まった。

「できないことはできない」と答えていいんだと、開き直ったら落ち着いた。原付バイクを買った。丸一年間、リストカットしたり、薬局で売っていた睡眠剤などをたくさん飲んだりしながら会社に勤めた。

誰かひとり「行かなくて、いいよ」といってくれたらと思う。勤めがプレッシャーになってしまった。B社を辞めて京都、四国へ旅行に行った。四国で住み込みの仕事を見つけたが、共同部屋だったのでやめた。食器洗いの湯がすごく熱かった。ひとりになりたかった。四国から帰ってきて、東京でやるしかない。友だちの名前や、好きなことを書いたりして自分を励ました。なんとか立ち直るまで二、三年かかった。日中、外へ出られなくて、夜行動した。こころがすっかり荒れてしまった。その頃母が倒れて、母の見舞いに行った。原付バイクの更新も重なり、母の病院でも荒れてしまった。

どこかの学校の近くで轢き殺されそうになった経験をした。病気だったのだろうか。友だちが警察の人を呼んでくれた。「あなたの気持ちはわかったから」とお巡りさんがいった。ちょっとおかしくなり、精神科クリニックに行った。その日のうちにK病院に入院。八カ月入院。入院費がかかったこと、心配をかけて申し訳なかったと思った。

「治ったから働きなさい」と父にいわれて、自殺未遂をしながらバイトをした。隅田川に飛び込んだこともある。それからK病院へまた入院。K病院で年下の患者さんとつきあったりした。主治医がいい先生で、すぐ退院させてくれた。僕は「生活保護になりたい」と家族に相談した。そして薬を飲んで、またK病院へ送られた。そこを退院。声が出なかった。家族会議を開いて、生活保護になることを家族は賛成してくれた。二六歳か二七歳の頃から、一人暮らしをはじめた。僕の住む団地に両親も当選し引っ越してきた。

最初は楽しく過ごしていたが、悪い患者さんにつかまってしまった。「一カ月に一万円よこせ、困ったとき、助けてやる」といわれた。一〇カ月くらいお金を取られた。デイケアのスタッフに話して一度はおさまったが、「二度目はないぞ！」と脅された。包丁で自殺をはかったが、死にきれなかった。つきあっていた女性に何か害があったらいけない。両親が彼に呼び出されて、七万五〇〇〇円を支払わされた。

その後、僕は地域の作業所や生活支援センターに通った。現在はこらーるたいとうに通所している。「生活保護を受けて単身自立生活をしているのだから、自立している」と両親もこらーるたいとうの加藤さんたちも認めてくれている。この一〇年間、入院はしていない。今は食事よりも思いきり眠りたい。応援をしてくれた人々ともう会うことがなくても、その人々に恥ずかしくないように生きていきたい。兄さんも歳をとった。僕自身のできるところは自分で動かなくてはいけないと思っている。

五　私の体験――二五年間の隔離室から退院して

Mさん（五一歳、女性）

朝、目が覚めると「隔離」。ここはどこだろう。壁はコンクリート。畳は一畳。布団は汚れていて、とても食事などできない。担当の医師や看護師から、ここは何病棟とか隔離室の説明もなく何カ月もひとりで過ごしていた。私の二五年間の精神病院入院の隔離室の記憶だ。

入院生活の中での楽しみは、お風呂の時間だった。隔離室から出られるし、たとえ一五分でも自由になれる。おいしい水もたくさん飲めるし、食事のメニューも見ることができる。私にとっては楽しい時間だった。

二五年後、強制退院となった。実家に帰って来て、すぐに私は母とケンカをして、初めてひとりで黒いリュックと白い手袋をして、バスの中でいろいろな人に介護福祉士のAさんの事務所を聞き、家出をした。Aさんは、私を強く抱きしめて泣き、「よく帰ってきたね、辛かったんだね」といってくれた。そして、私の実家に行き、少しの洋服と一万円と〇円の通帳を取ってきてくれた。

私には知的・精神の障害があり、福祉のことや生活保護の手続き、福祉事務所のワーカーさんたちの役割について、Aさんと一緒に一から学んだ。アパートの保証人もAさんになっていただいた。

アパートに引っ越して一カ月が経ってから、朝起きたら床はもちろん、お布団も水でぬれていたのでビックリした。よく見ると、洗濯機のホースが外れていた。初めてのことなので「どうしよう、どうしよう」と思ったが、たくさんのタオルを床に置き、バケツにいっぱい水を絞った。Aさんに電話したら、飛んで来てくれて、「よくひとりで頑張ったね」といってくれた。

退院して九年目を迎える私にとって、居場所はこらーるたいとうだ。スタッフもメンバーも同じ障害があるので、堂々としていられる。私はこらーるたいとうのお陰で、自分の体験をたくさんのところで発表することができたことを大変感謝している。代表はみんなに平等で、とても大きな声でわかりやすく話す人だ。

ここではピアスタッフが淹れるおいしいコーヒーを飲んだり、みんなで協力して作る五〇〇円のランチを食べることができる。地域のお客様が来てくれて楽しそうに過ごしていってくれると、私もみんなもすごく嬉しい。

こらーるたいとうでは病院訪問活動もしていて、私もこの五年間、A病院に訪問している。これからもみんなと協力して、こらーるたいとうを守っていきたい。

六　肩の力を抜いて、しっかりと歩んでいきたい

Qさん（四〇歳、女性）

私は一九歳のとき、躁うつ病を発病しました。当時は多弁、多動で周囲を困らせていました。通院するようになり、薬を処方してもらうと、躁状態は治まりましたが、今度はひどいうつ状態になりました。テレビもラジオもつけずに、ひたすら寝てばかりで、社会から孤立していました。

二二歳のとき、再び躁病を発病したのかアルバイトを始めました。バイト先で知り合った主人と結婚しました。長男を妊娠したとき、精神科の薬を飲んでいたため障害児が生まれてくるのではないかと心配しましたが、元気な男の子が生まれました。次男を妊娠したときは薬を飲んでいなかったのですが、産んだ直後、産後躁となり入院しました。胸が張り、病室で搾乳するのがとてもつらく、たまらなくわが子に会いたい気持ちでいっぱいでした。

退院してからも強い薬を処方されていたため、家事、育児ができる状態ではなかったので、主人、両親、保育園に預けてなんとか生活を送っていました。三〇歳で離婚した後、七回入退院を繰り返した経験があります。いつも決まって三月頃調子を崩します。原因は何かと問われると原因不明です。入院前期は躁状態で楽しくて仕方ありませんが、中期、後期は家で待っている息子たちのことが心配で早く退院したいと思っていました。

私は意識していないのですが、周囲から「頑張っているね」といわれます。頑張り過ぎると気がつかないうちに精神的にも肉体的にも無理をして病気になってしまいます。頑張り過ぎないことが私の課題です。無理をしないこと、七〇%の力でいいのだから確実に物事をやりとげる力を身につけ、生活していくことを大切にしていこうと思います。現在二年半、入院をせずに生活することができています。息子たちとの空白だった時間を取り戻すことはできませんが、これからは母親としてできる限りの応援をしてあげたいと思っています。二度と入院しないためにも、頑張り過ぎずに、肩の力を抜いてしっかりと歩んでいこうと思います。

七　お母さんは元気です。ナオもケンジも元気でいてください。　Rさん（六二歳、女性）

「私は台東区竜泉で、昭和三十年に生まれました。父十三、母シゲです。きょうだいは兄二人姉一人の四人きょうだいです。地元の台東小学校で卒業して、竜泉中学を卒業しました。葛飾区お花茶屋にある共栄学園高校を卒業して、学校の推薦で中央区横山町の三業ふとん店に就職しました。その年の九月に社員旅行で熱海に行き富士屋ホテルに泊まりました。帰ってきてから二、三日たって、父が亡くなりました。びっくりしました。二年ぐらいで、三業ふとん店は倒産してしまいました。

職安で探して今度は靴製造業の工場に勤めました。そこも二年ぐらいで倒産してしまいました。また職安で探して今度は台東区今戸の岩崎ベルトに就職しました。二年ぐらい働きましたが、結婚の話があったので、退職しました。その結婚話は、実家が経営していたアパートに住んでいた方の紹介で、お見合いをしたのです。

長男が生まれ、次男が生まれました。次男は五月に生まれる予定でしたが、早く二月に生まれました。次男がそんなに早く生まれたのは、私が東京タワーに行き階段で登ろうとしたせいで、私は翌日出血してしまいました。救急車で台東産院に運ばれました。次男は帝王切開で仮死状態で生まれました。次男は泣くと顔がむらさき色に変わりました。私は東京タワーに登ったとき、エレベーターを使えばよかったと今でも思うのです。

次男は産院のガラス箱に五カ月間入っていました。鼻から酸素を吸入していました。私はオッパイをしぼって冷蔵庫で凍らせて、築地産院に持って通いました。次男は七月、退院しました。けれども肺炎になってしまい、その当時住んでいた埼玉県八潮市の病院に入院しました。その後次男は元気になってくれましたが、知的障害が残り、重度の障害児と認定されました。私は一生懸命育てました。

次男はみさと養護学校初等部に入学しました。そして中等部へと進みました。次男は年がら年中いなくなりました。次男は言葉がわかりません。次男がわかる言葉は、自分の名前『ケンジ』とお兄ちゃんの名前『ナオユキ』だけでした。『ナオ』『ナオ』と呼んでいました。

私は自転車の荷台に次男を乗せて、スクールバスが来るバス停まで送り迎えしました。次男はひとりだとどこへでも行ってしまいます。警察に何度、迷子の届けを出したかわかりません。何百回も出しました。遠くで保護されるとお父さんが車で迎えに行ってくれました。近くで保護されると私が迎えに行きました。次男は、高等部は入所施設のあるところに進みました。埼玉県の鴻巣のほうにあった埼玉中央学園に入学したのです。

私は次男の学校が遠くでしたし、送り迎えの必要もなくなったので、夫に頼んで離婚してもらいました。私は疲れ果てていたのです。今は実家に戻ってきて、こらーるたいとうで働いています。一生懸命働いています」

以上がRさんの体験談だ。


現在、ケンジさんは在宅で暮らしている。その介助を兄のナオユキさんがしている。お父さんは、再婚した。新しいお母さんもいい方のようだ。このことを教えてくれたのは、Rさんだ。

知的障害についての偏見・差別も、精神障害同様、根深い。ある時、仲間から「Rさんはどこが悪いの？」と訊ねられたRさんが、小さな、消え入りそうな声で「あのう、いわゆる知恵おくれってやつよ」と答えたのを聞いた私は思わず、Rさんに駆け寄り、抱きしめた。「自分のことを、そんな言い方をしてはいけない！」

Rさんは、地域の人々の「三喜カラオケ会」にも参加するほど、カラオケが好きだ。障害年金や地域社会の人々との交流についての取材の折、Rさんは「顔を出すこと」「名前を出すこと」をいとわない。人生の辛苦をなめたRさんだが、就職も結婚も出産も子育ても経験したRさんはこらーるたいとうのメンバーにとってはうらやましく、眩しいくらいだ。あるメンバーが作った切り絵には、こらーるたいとうを下支えしているマッコウクジラと、こらーるたいとうを笑顔で照らしている太陽がいる。作者によるとマッコウクジラが私で、太陽がRさんだそうだ。

八　事実と妄想が交差する現実を生きる

Wさん（四二歳、男性）

（1）Wさんの語り

「僕は二十代前半からいじめにあって、ずっと辛い思いをしていました。そんな僕ですが、二五歳のときに一人暮らしをしたことがあります。そのことは僕にとって大切なことです。二九歳のときに精神科病院へ行って診てもらいました。しかし僕は、手ごたえを感じることができませんでした。それでも薬を飲んだら、全身がしびれるような薬でしたが落ち着きました。ところがいっぺんに二錠飲んでしまい訳がわからなくなってしまいました。父に知り合いの家に行くといって、気がつくと、まったく知らない民家に侵入してしまいました。両親が引っ越すといっていたので、僕はその家を自分の新しい家だと勘違いしてしまったのです。その家の人が下りてきて、僕は自分の家だと思い込んでいたので、『誰だ！』と聞きました。その人は『この家の者です』といいました。気がつくと本所警察署に僕はいました。警察の人に『家に盗聴器がしかけられているんだ』といいました。そうしたら刑事さんが『俺がとってやるよ』といってくれました。

その次の記憶は曖昧で、あとで聞いたら上野の病院にいたそうです。そこから青梅市の精神科の病院に搬送されて寝ていました。起きたら、看護師が『気がついた？』と訊ね、『ここは駅でいうと小作という町だ』と教えてくれました。それからどうなったのかというと、ゆっくりと自分の状況に気がついていきました。一年半その病院にいました。退院したとき、僕は三一歳でした。

三三歳から派遣の仕事をしました。途中から幻聴とはとても思えない知り合いの声がしてきました。小学校時代の同級生の男子と女子の声です。その声が聞こえるようになってから、仕事をする気がなくなってしまいました。それでも惰性で一カ月くらいは働きました。その人たちの声が嫌で、一カ月ぐらい入院すればその間にその人たちは自分の家に帰ってくれるのではないかと思い、練馬区にある、今も僕が利用している病院に入院しました。けれどもその人たちは帰ってくれません。僕は気になりながら、放っておくしかありませんでした。二、三回入退院を繰り返しました。

担当の看護師のKさんが『こらーるカフェ』という名前の作業所を紹介してくれました。僕はクリニックのデイケアも見学しましたが、あまり楽しそうには見えませんでした。作業所のほうがお金をもらえること、そして働いているほうが楽しいのではないだろうかと思いました。

こらーるカフェで米とぎ、コーヒー・紅茶を淹れること、トイレ掃除や植木や花への水やり、洗いものをしています。こらーるカフェで僕がもらう工賃は一カ月平均一万五〇〇〇円程度です。三年ぐらいこらーるカフェに通所しています。もう少し調子がよくなったら、違うところでアルバイトをしてみたいと思います」。

(2) ネガティブなことも自分の言葉で語り合う

Wさんは長男として生まれ、祖父母に可愛がられた。幼いときは、どちらかというとおっとりした子どもだったそうだ。小学校低学年の頃、ランドセルの中にゴミや汚物を入れられるいじめにあった。そのことをWさんもお母さんも決して忘れることができない。その時、Wさんは怒らず、こらえたそうだ。私がそのことを知ったのはごく最近のことだ。神奈川県川崎市で、一三歳の中学一年生の少年が多摩川の河川敷で無残に殺されるという事件がこの二〇一五年二月に起きた。Wさんは並々ならぬ関心をこの事件に示した。ある日、Wさんがこう訴えてきた。「いじめられると当事者は、そのことを恥ずかしいこととか、自分が悪かったからとか考えて人に話さない。でもそれは違うよね。人に話さないといけないよね。そうしないとまたいじめられてしまう。とにかくいじめるほうが悪いのだから。小さいときってさ、そういうこと、人のことを『いじめる悪い人だ』と思うことさえ、悪いことだと思ってしないよね」。

その後も、殺された少年のこと、容疑者として逮捕された少年たちの情報を、私はWさんから教えてもらった。Wさんはニュースだけでなく、インターネットからもこの事件について情報を入手した。Wさんは自分がこの事件の関係者とつながりがあるのではないかと不安でならなかったそうだ。幻聴がそういっていたそうだ。この二、三日のWさんの顔色は極めて悪かった。

私はWさんと障害者差別解消法について話し合った。「これからは、明らかに事実にないことを訴えたり、相談してくる人があった場合でも、変なことというから解雇しますとか、来ないでくださいとかいうのは、違法になるの。今は『どこか調子が悪そうだから、病院で診てもらいましょう』と説得し、治療を受けるよう支援する義務が、所長や雇い主にはあるのよ」と、私自身、まだよく理解していない差別解消法について説明した。「勉強して、難しいことだとも正直思った。でも統合失調症とか精神病を『変な人』で片づけるのではなく、一つの『病気である』と認めたことはいいことだよ」。

明らかに川崎市の事件にWさんは関係がない。社会問題とか事件が起きると、Wさんの幻聴は「おまえも関係している」と囁く。幻聴はリアルで、箍《たが》を緩めると、底なしに妄想の世界に引きずり込まれる。「病気の症状でしょう。だってそれが本当なら大変ではないの」、「集中力をつけよう。そうしないと一所懸命、幻聴さんの話を聞いてしまうから」と私がいうものだから、この時もWさんは「加藤さんは、きっと病気だっていうのでしょうね」と前置きして打ち明けてくれた。

主治医のJ医師は私にこぼしたことがある。「あなたはいいですね。働きたいとか、働けないとかいう話で。私のほうへは幻聴の話ばかりですよ」。

単純に前向きのことのほうが話しやすい。そうした話しやすいポジティブな話だけではなく、Wさんとは、後ろ向きのことが話し合える。社会の底辺に置かれた人々のこと、貧困について、人間のこころにある不安とか疑心暗鬼とかについて話し合うことができる。辛い思いをした人間が、より弱いものを攻撃の対象にするのではなく、労る勇気があるといいとか、川崎の事件はさまざまなことがつながって起きてしまったのではないかということとか、傍観者にはならない、見てみぬふりはしないとか、そんなことを自分の言葉で、私はWさんとは話し合うことができるのである。

(3) P占い師

二〇一五年一月。Wさんの三年間の念願だった高名な占い師Pさんに話を聞いてもらえることになった。新幹線、そして在来線を乗り継いで、上野駅から六時間。雪深い北国へ、P占い師に会いにWさんは行った。Wさんにとって大きな転機になるのではないか、しかもこの数年Wさんはひとりでは、通院以外は住む町から出たことがないこと、あまりにもP占い師への期待が大きかったことから、私はWさんの了解を得て同行させてもらった。

P占い師の態度はあまりにひどかった。Wさんが電話で申し込んだとき、「周囲のみんなが聞こえないということが自分には聞こえます。自分は病気を治したいのです」と伝えたにもかかわらず、Wさんに会うや否や、開口一番に「みんなに聞こえないことが聞こえる方のお話をうかがうことはできません」といったそうだ。控室で待っていた私をWさんが迎えにきた。「上司の人を呼んできなさいっていわれましたから」。私が行き、コートを脱ぎ、挨拶するとP占い師はこう決めつけた。「あなたの態度を見てよくわかりました。あなたの態度が悪いから、Wさんがそうなるのです。やっぱり喫茶店などやっている人はだめですね」。

私が、いかにWさんが期待してやってきたか、私とWさんの関係は雇用関係ではなく、支援関係であることを伝えると、今度はWさんのご両親に批判の矛先が向かった。「病気の人とはお話できないので、両親に来てほしい。来ないような両親だからWさんが病気になるのだ」と。

今まで、いかに多くの家族が苦しんできたかわからない偏見を平然といってのけるP占い師だった。

Wさんとふたりで「ともかく早く出よう」とP占い師の瀟洒な家を飛び出した。

「上から目線の嫌な奴だね」とWさん。「何にもわかっていないのに。みんな藁をも摑む思いで遠くから来ているんだね。さっき帰った人は宮崎県から来たといってたよ」、「病気の人を見ないのならば、最初からそういうべきだよ」、「喫茶店の人に失礼だよね」。どうにも気のおさまらなかったWさんと私は、上野駅に着くまでP占い師のことをいい合った。

(4) 世界が広がる

しかし実りの多い北国への旅だった。Wさんがいう。「福島や八王子がいかに近いかわかったよ」。福島県への一泊研修にも参加できた。東京都八王子市で開催された「病棟転換型居住系施設を考える東京集会『地域で暮らすための勉強会』」にも参加し、体験談を発表することができた。こらーるカフェに通所する仲間たちから、生活保護を受給しアパート単身自立生活を営むことを雑談で学んでいたWさんは、将来を考えて両親との生活から一歩踏み出すことを決意した。二〇一五年十月。Wさんはグループホームに入居した。現在は生活保護を受給して暮らしている。

九 なかなか退院できなかった

Nさん(六七歳、男性)

(1) 問題行動

A病院に四度目の入院をしてから五、六年間は、Nさんはベッドでタバコを吸うとか問題行動がかなり見られた。また地域生活をしていた頃の問題として、タバコの不始末とお金の問題があった。地域で一人暮らしをしていた頃、玄関前のバケツにタバコの吸い殻が山盛りになっていた。お金を使いきって、乾パンをもらって食べていたこともあった。退院に消極的な兄には、看護師長や担当看護師が様子を知らせて、理解を求めるようにした。兄は支援体制があるならば、あとは本人のやる気次第という気持ちに変化した。そこまでいくのに三年ぐらい経過した。Nさんは、病棟の服薬グループ、社会資源の見学、保健所の退院促進事業に二クールずつ参加していた。しかし具体的に退院の話をはじめると、「いや、ちょっと、今はまだ」というようないい方をしたり、「夢みたいですね」と、なかなか話が進まない期間が非常に長かった。

また病棟内で喫煙したり、T字剃刀を持ち込むという規則違反をたびたび犯した。社交性はあるので、グループ活動での役割はこなすが、他の患者さんに特に仲良しという人はいなかった。

（2）退院をめざして

病院の近くのアパートを福祉の支援で借りて、外出、外泊を繰り返した頃は非常に本人も乗り気で、毎日のようにアパートへ出かけた。ところが腸壁瘢痕《はんこん》ヘルニアのため他科へ転院となった。一〇年ぐらい患っていた病気だ。手術をして戻ってきてから、Nさんは退院に対して、また消極的になっていた。

Nさんは県外からの入院だった。神奈川県川崎市の退院促進事業者に連絡を入れると、なかなか連絡のなかった川崎市の福祉事務所から連絡があり、「預金を使って、自費でアパートを借りるようにと」といってきた。Nさんは新たに不動産屋で見つけた病院からはかなり離れたアパートに退院していった。そのアパートには同じ病院の患者さんが住んでいる。

Nさんは家事とか、掃除とか、料理とか、そういうことはまったくできない。けれども訪問看護、ヘルパーなどの支援を受け入れることはできる。そんなNさんも、初めの退院準備のときは、訪問看護、ヘルパーなどの支援を利用することを渋った。それらの支援の必要性を担当看護師たちは繰り返し伝え、説得した。

退院したNさんは、ひとりで鎌倉へ行ったり、西伊豆の土肥へ行ったりしている。土肥方面にはいい思い出があるようだ。入院中に旅行の実行委員になったときも、Nさん自らが土肥の旅館と連絡をとり、話をまとめたことがある。患者さんの中では、一方的で強面《こわおもて》でとおっているNさんだが、社会へ出ると小さくなってしまう。Nさんの誇り、プライドが地域社会では持てず、病院の中なら自分より劣っている感じの人たちもいて、プライドが保てるのである。

Nさんは病院の近くに退院したら、近所に患者さんがいるからと嫌がった。どこかで患者さんと同じカテゴリーに入ることを拒否している。同じに見られたくないと思っているNさんがいるようだ。社会から受けた疎外感が、Nさんを孤独にし孤立させたのかも知れない。そしてそれは同じ統合失調症を罹患し、療養する人々からも孤立する結果を生んだ。

（3）審査請求

Nさんが退院した二〇一三年は、生活保護法にかかわる問題が非常に深刻化した。Nさんも退院と同時に、生活保護を廃止されてしまい、私が代理人となり審査請求をしたが、棄却されてしまった。

Nさんが行った審査請求の趣旨は、退院と同時に生活保護を廃止されたことを取り消してほしいというものだった。廃止理由は、川崎市から東京都練馬区への転出だった。Nさんにしてみれば、この日に生活保護費を支給するという連絡が川崎市の福祉事務所から入っていた。Nさんは、新しい生活で訪問看護、ホームヘルパーサービスを利用した地域自立生活を計画していたので、この保護廃止決定通知書に困惑した。川崎市の福祉事務所からは納得のいく説明はなく、不服申し立て（審査請求）をすることにした。川崎市の福祉事務所は、「安定した居宅生活が可能か見極めた後の移管とするため、退院後一～二カ月経過後に東京都練馬区への移管をおこなう」と説明していた。Nさんは説明したとおりに実施してほしいと考えて、審査請求を申し立てたのである。

本来はNさんが練馬区に居住することが明らかになった時点で、川崎市の福祉事務所は練馬区に対して、保護を移管する可能性について連絡をするのが妥当だと考える。また川崎市の福祉事務所の担当ワーカーが、練馬区の福祉事務所にNさんとともに赴いたのは、いきなり保護廃止を告げられ困惑したNさんとその支援者や私たちが、川崎市の福祉事務所の担当ワーカーに強く要請した結果だった。

Nさんは神奈川県からの裁決の知らせが来た頃、無事に練馬区の福祉事務所から生活保護の支給が開始されていたし、そのために現在の支援者たちの尽力があったことをよく承知していて、信頼関係が築かれていて、穏やかな日々を過ごしていたので、申し立てをそれ以上はしないことにした。

(4) Nさんの暮らし

Nさんはその後、再入院することもなく、週に二日デイケアに通い、地道に、満足そうに住宅地にある小さい、きれいなアパートで暮らしている。出会うたびに「加藤さんも頑張りますね。でも身体に注意してくださいね」と笑顔で挨拶してくれる。

十 何回もの入退院は、社会性やコミュニケーション能力を維持することに大きく貢献していることを教えてくれた

Gさん（七三歳、男性）

(1) Gさんの生い立ち

Gさんは今年七三歳になった。父は雪おろしを生業としていたので、Gさんの家族は降雪量の多い地方を転々とした。それでもやっとGさんが中学生二年生のときに、父親が家族を東京に呼んでくれた。Gさんは中学二年生のときに滋賀県から上京。東京都東部の下町に住んだ。父は

五十代で亡くなったが、母は八〇歳過ぎまで働いた。

（2）アパートの大家さん

上京後、Gさんは中学へは通学できなかった。喫茶店などで働いた。十代後半に双極性気分障害を発症。以後、A病院に三四回の入退院を繰り返した。三四回目の入院は七年間だった。正常圧水頭症のためだ。入退院を繰り返しながら一六年間、GさんはK区にある六畳一間のアパートでひとりで生活保護を受給して暮らしている。このアパートには風呂はない。昭和五十年代頃はよくあったけれど、最近はあまり見ないタイプのアパートだ。Gさんはこの自宅を大変大切にしている。このアパートに住むために酒もタバコもやめた。大家さんとの関係はとてもよく、大家さんはGさんが入院すると面会にも来てくれたし、アパートも風を入れ、きちんと管理してくれた。

（3）病とともに生きる

もの忘れがひどく、物事の理解は低下しているが、支援者との関係は良好だった。Gさんには都内在住の弟妹がいるが、交流はない。弟妹もGさんも独身だ。

三四回目の入院から退院した当初は、繁華街に住む女性の友人に会いに行くのが楽しみだった。その女性はGさんの家に遊びに来て、ふたりで料理を作ったりして楽しんだこともあった。そんな話をしながら、実際は休日やデイサービスが終わる夕方にはつい入院していた病院に遊びに来てしまうGさんだった。当時のGさんは生活支援員などの名前は覚えず、「お姉さん」「お兄さん」と呼んでいた。しかしどことなく穏やかで、疎通性のあるGさんを生活支援員の人々は親しみを寄せた。「幸せであると、自分を小さくすることができる」ということなどを教えてくれる人であった。

Gさんは同じことを何度も尋ねた。「あと十年もすれば、字も書けなくなるだろう」とGさんはいっていたが、ご自分の名前は大きくしっかりとした文字で書くことができた。水頭症のせいか特徴的な歩き方をするGさんだが、大きな外反母趾があったので一層歩きづらそうだった。身体的な衰えが目立った。太り過ぎで着られる洋服がなくなったりした。なかなか洗濯ができないGさんだったが、これは銭湯が遠く、コインランドリーが近くにないことも原因の一つだったともいえる。一方で、人とのつきあいは細やかな一面を見せるGさんだった。

退院して一年程度たったときだった。Gさんは歩いていて転倒し、電信柱か何かに頭をぶつけてしまい、気を失った。気がついたとき、いつもの精神科病院のベッドの上だった。そして二〜三カ月入院したとき、Gさんはこういった。「ここにいても何も意味がない。早く退院したい。今度退院したら、毎日でもデイサービスに行くよ」。

そして退院し、今度は総合病院の外科に通院し、外反母趾の治療をしてもらった。毎日デイサービスに行くGさんの姿が見られるようになった。送迎バスがあり、風呂に入ることもでき、昼食が出るのでデイサービスに順調に通った。

Gさんの彼女は、みのりさん（仮名）という。みのりさんはGさんが通院している精神科病院に長期入院している女性で、まだ四〇歳になるかならないかだ。Gさんは休日には必ずみのりさんに会いに行っていた。みのりさんの退院先としてGさんの近くが治療者たちから提案されたこともあったが、あいにくGさんの住むアパートには空き部屋はなかったし、まだ若いみのりさんの退院先としては、正直いって気の毒な気がした。Gさんの隣人には、保健師がかかわり、どこかに診察に行っている様子だった。その隣人は食べ残しの食べ物などを外にまいてしまい、大家さんが片づけている姿を時折見かけた。そういう時でも大家さんは笑顔だった。「仕方ないんだよ」と笑いながら汚れを掃いていた。またGさんによると、二階に住んでいた人はパチンコばかりして家賃を何カ月も滞納したので、人の善い大家さんもさすがに怒って追い出してしまったそうだ。ともかくまだお嬢さんらしささえ残すみのりさんの新居に相応しいとはいい難かった。

Gさんも「ここではみのりさんには無理だよ」と笑ってやり過ごした。その話はいつか消えた。あれから三年たった。みのりさんは今も入院中である。

（4）救急病院に入院

二〇一三年の夏も猛暑だった。今年こそエアコンを買おうということになり、私と池袋へタクシーで向かった。大きな家電量販店の前で降りた。Gさんがよろめいた。「大丈夫、大丈夫」と振る舞ったGさんだったが、座り込んでしまった。気持ち悪そうにして吐くのだが、唾液しかでてこなかった。タクシーに乗る前に松屋で朝食をとったのだけれど、なぜなのだろう。家電量販店の若いスタッフが救急車を呼んでくれた。

Gさんは馴染みの精神科病院に行ってほしいと頼んだし、私もGさんが外反母趾を治してもらった総合病院に搬送してほしいと頼んだが、だめだった。池袋の端にある救急病院へ運ばれてしまった。Gさんはその病院に四カ月ほど入院した。Gさんが救急病院を退院した頃は、台風がいくつか過ぎ去り、残暑の日と小雨の日が交互にやってくるような気候だった。長い間、ベッドに寝かされているだけの日々を過ごした後遺症のようなものだったのだろう、Gさんは時々歩行が困難になった。体調不良としか思えず、何回もGさんが住む町の総合病院の内科と外科で、検査してもらった。親切な対応をしてくれたので、一人暮らしのGさんは「ここの病院にしばらく入院したい」ともらしたほどだ。多くの人々が救急車で運ばれてきたが、だいたいの人々が応急治療をしてもらって、帰って行った。

(5) 再びアパート生活へ

またデイサービスを週四日行く日々が戻ってきた。そして休日のごとにみのりさんに会いにGさんは行った。しかしみのりさんは二人いた。一人のみのりさんは、病院に入院中の女性である。もう一人のみのりさんは、在宅で母親と暮らしている女性だ。両方ともみのりさんであったのは、

Gさんが人の名前を覚えられないせいだったのだろう。Gさんは二人のみのりさんに会いに行っていた。

二〇一四年九月。明らかにGさんに異変が起きた。マクドナルドに一〇時間以上もいた。マックのスタッフが、Gさんの尋常でない様子を見て、交番に走って、巡査を連れてきた。巡査はパトカーでGさんを家まで送ってくれた。福祉事務所の職員がGさんの安否確認に来た。デイサービスの職員がGさんが無断で休んでいたので、ケアマネジャーに連絡を入れてくれた。しかしこの日の異変を、Gさん自身は、はっきりとは覚えていなかった。結局数週間後、Gさんは馴染みの精神科病院の近くで保護されて、いつもの病院に入院となった。検査結果は、水頭症の症状も顕著に出ているものの、その前に腸にできた腫瘍の手術が必要というものだった。

(6) 腫瘍の手術

腫瘍の手術は無事に済み、馴染みの病院の高齢者の病棟に入院中だ。水頭症の検査に行く予定だ。アパートはもちろん確保してある。しかしGさんも知っていることだが、大家さん夫婦はGさんより高齢であり、身体的には治療中だ。病院を退院後、どこに住むのがGさんにとってよりよいのか、Gさんとともに模索中である。Gさんの健康は、崩れては固まり、低い状態ではあるが落ち着く。むろん一六年間住み慣れた、温かい大家さんが近くにいるあの六畳一間のアパートが一番確かであるとGさんが思う気持ちは理解できる。Gさんにその暮らしを続けることができる健康が戻ることがあれば一番だと祈りながら、私たちは、墨田区でこらーるたいとうが近くのマンションを借りて設置運営する予定のグループホームを、Gさんが選んでくれたらいいと望んでいた。けれどもGさんは、ふるさとは隣りの江戸川区であり、「墨田区には行ったことがないなあ」と心細いことをいった。Gさんのふるさとは、遠い滋賀県だといっていたが、今ははっきりと東京都江戸川区だという。Gさんの記憶はどんどんおぼろげになっていく。

Gさんは住み慣れた町の板橋区の特別養護老人ホームに入居申し込みをした。加齢や病気で要介護5のGさんにとって、私たちが設置運営しようと準備している障害者用のグループホーム「がじゅまる」で生活するのは無理だ。Gさんは板橋区に住み続けることを望んでいた。

（7）Gさんから学んだこと

二〇一五年五月。介護タクシーでGさんと私はアパートに向かった。Gさんは住み慣れたアパートを引き払った。福祉事務所のワーカーと私が立ち会った。留守の間、誰かが侵入したのか、レースの下着がハンガーに干してあった。東京の片隅にある小さな木造の古いアパートに誰が住んでいるのかを誰も気にしない。気味が悪かった。それでも大家さんがきれいに掃除してくれていた。冷蔵庫やエアコンは隣室の人に使ってもらうことにした。大家さんの希望だった。

七月にGさんは他の患者さん数名と、埼玉県にある介護施設を見学した。現在、Gさんはその介護施設への入所を希望している。

この年の夏も猛暑だ。Gさんに振り回されるように、エアコンを買いに行ったり、救急病院に同行したりした二〇一三年の盛夏からGさんの身体的な衰えは著しくなった。この二年間のGさんへのかかわりは極めて中途半端なものであったといわざるを得ない。心の痛みを私は禁じ得ない。Gさんは時々、「あの冷蔵庫はアパートにあるよね」という。「あの冷蔵庫を次に入るところに持って行きたいな」。あの冷蔵庫は、「あの隣りの、保健師さんたちがかかわっている気の毒な人に大家さんがあげてといったから、あげたでしょう」というと「ああ、そうだっけえ」とGさんはにっと笑うのだ。

十一　人生に「もしも」はないよ。今は今でいい

Fさん（六九歳・女性）

（1）三六年間の入院

Fさんは一九四〇（昭和十五）年生まれだ。一九七三（昭和四十八）年にA病院に入院した。神奈川県V市にある軽費老人ホームへと退院したのは、二〇〇九（平成二十一）年だった。Fさんの病名はうつ病である。

一九九八（平成十）年に入院中に亡くなった統合失調症だった妹もA病院に入院していた。

Fさんは、一九五六（昭和三十一）年に中学校を卒業。町工場に就職した。三年後そこを退職して、地元の病院の事務職に就いた。四年後、児童養護施設の指導員になった。二年後、養護施

設を退職して実家の稼業である左官業を手伝いはじめた。一九七三（昭和四十八）年の春頃より日常のFさんの様子に変化が見られ、妹が入院していたA病院を受診。うつ病と診断され、入院となったのだった。実に三六年におよぶ社会的入院の始まりだった。

（2）兄の墓参り

二〇〇七（平成十九）年頃のことである。Fさんが一番頼りにしていた長兄が亡くなり、Fさんはぜひ墓参りをしたいと訴えた。長兄のお墓はFさんの郷里である神奈川県M市にある。A病院としてはすぐに了解したが、Fさんのほうが一年間迷った。Fさんは、きょうだいや姪や甥に迷惑をかけたくないのだ。妹と同じように自分も一生をこのA病院で終えたいと考えていた。すでに昭和の時代から精神科病院の長期入院は問題になっていたし、その施設化は当然のように展開されていたのである。今さら郷里に姿を見せたら、どれほどの迷惑をきょうだいや若い姪や甥にかけるかわからないとFさんは悩んだ。その一年の間に、洞不全症候群の発作を起こしたFさんはペースメーカーをつけ、身体障害者手帳をとった。長い間、生活保護だけを受給していたFさんは、障害年金を申請した。

迷いに迷ったFさんだったが、担当看護師のHさんはじめ主治医や看護師長に促されて長兄の墓参りに行ったのは、二〇〇八（平成二十）年のことだ。H看護師さんは、知人のタクシー運転手に依頼して、安い運賃で一日自由にFさんが使えるようにはからってくれた。着ていく洋服を

Fさんと一緒に買いに行った。お墓と仏様にたむける花も、Fさんの好みの花々で大きな花束にして準備してくれた。そして友愛訪問活動でピアサポーターとしてA病院に入っていた私を、Fさんも主治医もH看護師さんも同行者として選んでくれたのである。

初めて郷里に帰ったとき、長兄の家にいるFさんに、きょうだいが会いに来た。長兄の妻である義姉が昼食にと寿司を用意してくれた。Fさんは義姉が癌の手術を受けた後であったことを知っていたから、義姉を労った。それぞれのきょうだいが「長い間、本当にすまなかったね」とFさんに詫びた。純朴な人々は弁解がましいことは一言もいわなかった。そしてそもそもFさんのA病院の入院が長くなった原因の一つが、Fさん自らが申し出た、先に入院していた妹の看病のためだったことが鮮明になったのである。「Fさんは俺らと違って、頭もよくて、気立ても優しかった。でもいい始めるときかなかった」。Fさんは自然な笑顔で聞いていて、もうずっと前からFさんはそこにいた人のように、溶け込んでいた。Fさんは「みんな元気で本当によかった」と時々相槌をうった。「泊まっていきなよ。加藤さんも一緒にぜひ泊まっていってください」と義姉も次兄も勧めてくれた。Fさんは「ありがとうね。でもそろそろ帰るね」と三時間ほどの帰省だった。

（3）退院を決意する

高速道路を降りてタクシーが都内の世田谷を走っていたときだった。日が延びてまだ明るい夕方だった。Ｆさんが突然いった。穏やかに、しかしきっぱりと私の膝を叩いて、「私、病院に本当は帰りたくない。私、退院するよ」。

Ｆさんの希望は、すぐにＡ病院の主治医や職員に喜びをもって受け入れられた。次兄もすぐにやってきた。そして「遠く離れていたので、病院にお任せをしてしまい、本当に皆さんにも、とりわけＦさんに申し訳ないことをしてしまった。近くにいれば、もっと面倒をみてやれる」と積極的に退院を支援してくれる展開になったのである。

Ｆさんの郷里は神奈川県Ｍ市だが、本人は市内の家族に遠慮して、隣りのＶ市への退院を希望した。二〇〇九（平成二十一）年の早春に、Ｆさんは三度Ｖ市に行き、Ｖ市にある養護老人ホームを全て見学した。しかし生活保護受給者であり、まだ六十代であったＦさんが入所できるところはなかなか見つからなかった。やっと見つけたのが、軽費老人ホームであった。

（4）Ｆさんの退院

Ｆさんは退院し、神奈川県Ｖ市の軽費老人ホームに入所した。Ｆさんは突然の環境の変化からうつの病状が再燃し、神奈川県Ｖ市の民間精神科病院Ｐ病院に入院した。入院して一カ月ほどするとうつ病はよくなったが、よろけて怪我をしたために退院が延び、翌年二〇一〇（平成二十二）年五月にＰ病院を退院し、Ｆさんは軽費老人ホームへ戻ることができた。

退院後は見違えるように元気になり，レクリエーション等に積極的に参加し、庭の草むしりや廊下の掃除をしたり、すっかりホームに馴染んだようだ。Fさんはホームに落ち着きたいと希望した。

次兄がよく面倒をみてくれた。P病院に入院したときは毎日のように面会に行き、ホームへは一週間に一回は会いに行って、Fさんの市内での用事は一緒に済ませてくれた。

（5）養護老人ホームでの暮らし

Fさんは二〇一二（平成二十四）年、養護老人ホームへ移行した。Fさんはすでにそこへ落ち着いて暮らしている。次兄は癌を患ったが、幸い完治した。時々、Fさんの面会に行っている。Fさんはいう。「ここにも仲間がいるから私は平気よ。A病院の友人（入院中の人々）とも文通をしている。みんな元気そうでよかった。職員さんたちは忙しそうね。もっと早く退院したらとかそういうことはないんだよ。その時はその時で一生懸命だったんだしね」。その言葉に、どきりとし、Fさんのしたたかな精神を感じる私がいる。Fさんのいう仲間とは、精神病者であり、高齢者である。しかしFさんが「仲間」とか「友人」というとき、そこに精神病者とか高齢者という「カテゴリー」の手垢がまるでついていない。

十二　私が求めたあったかい交流が、そこにはありました

Hさん（五十歳、女性）

（1）Hさんの語り

「五カ月前に、再入院しました。暇な日が続いています。アパートを出ざるを得なくなったので入院しました。退院先が見つかり次第退院です。私は三十年近く入院していました。ディスクジョッキーを聴いていて、世良正則さんにラブレターを書いて、おばあちゃんに『非常識だ』といわれたことがきっかけでした。父親がお酒を飲み過ぎて倒れて入院していましたので、父の姉、伯母さんのところで、私と兄は育ったのです。伯母さんのことをおばあちゃんと呼んでおりました。

東京の多摩地区にある病院に、おばあちゃんと兄につきそわれてタクシーで行きました。その病院に一年半ほど入院しました。

再入院したのは、板橋区にある病院でしたが、今の病院のほうが『あなたには合っているのではないか』といわれて、転院してきました。そして三十年近くの入院となりました。

入院生活は楽しかったこともありましたが、窮屈でした。楽しかったことは、高齢者の人たちとふれあえたからです。高齢者の人たちは発想が豊かです。窮屈だったのは、いろいろなルールが年代ごとに細かく分かれているところです。このならわしごとやルールは、病院が決めているものではなく、なんとなく患者さんの中で決まっているものです。

三十年間たったとき、担当看護師のGさんが『退院しましょうよ』といってくれました。おどろきと嬉しさを感じました。G看護師さんは、アパートを探してくれたり、家具や電化製品を買って、アパートに運んだり、組み立てたりしてくれました。

私はGさんと一緒に外出したり、買い物の勉強をしたりしました。食料品の選び方を勉強しました。値段で選ばず、品質や鮮度で選び、それ相応の値段ならいいということを学びました。

私は実は三十年間の入院中、グループ活動にほとんど入ったことがありません。人から影響を受けるのが嫌だったからです。

G看護師さんが見つけてくれて、私が住んだアパートはとてもよかったです。家族的なあったかい雰囲気のところでした。世界から見捨てられたイメージがまったくありませんでした。アパートの住人の方から二回バースディケーキをいただきました。その人々と交流したことが楽しい思い出です。その人々も決して恵まれている人々ではなく、公園のゴミ拾いのアルバイトをしている人々でした。私はご迷惑をおかけしてしまいましたが、大家さんに毎日、新聞やジュースを差し上げたりすることも楽しかったです。患者さん同士では、私は決してそういうことをしたことがありません。世間一般の人々とそういう交流をしたかったのです。おばあちゃんが元気だった頃、『好きな人々とおつきあいできることは幸せなことだ』といっていたことを思い出して、人並みなことがやってみたかったのです。コンビニの店員さんとのやりとりも楽しかったです。深夜にサンドイッチやコーヒーを買いに行き、真夜中に働いている人々とあったかい交流ができて楽しかったです。

三年間、おおいに楽しい思いをさせていただきました。しかし大家さんから『このアパートは、長期入院のすえに退院して、心筋梗塞を患っておられたり、ホームレスの体験者で、穏やかに静かに暮らしたい方々ばかりで、大変残念だけどあなたのにぎやかさは困ります。退去してくださいと悲しそうにいわれてしまいました。

私は残念だけど、私が居座って、大家さんが『もう長期入院者さんは嫌だ』と思ってしまったら、それこそ困ります。私はいろいろな人々に手伝ってもらって、退去しました。

私には好きな人がいます。その人も患者さんです。だから一日も早く退院して、地域生活を送りたいと願っています」。

（2）ボーイフレンド

Hさんの彼Sさんは公務員だった。今は年金と生活保護で暮らしている。Hさんはお金の価値がわからず、通販にはまってしまった。サプリメント、化粧品、洋服を買った。Sさんは「俺は一日一〇〇〇円で暮らしている」というが、Hさんは購入した高価なお節料理などはSさんに食べさせているのだ。Hさんは通販で買ったものを自分で使うこと、食べることはあまりなく、人にやるのである。そしてSさんの家に行っては、慣れない手つきで、あかぎれができている手で掃除をして、自腹で料理を作りSさんに食べさせているのだ。長期入院をさせられたHさんの感覚はお嬢さんのままである。Sさんはどんなに Hさんと仲良くなっても、セックスを強要しない人である。そこがHさんにとってはたまらなく安心できる、好ましいところなのである。Hさんはおいしそうなお菓子などを人からもらうと大事そうに包んで、「Sさんにあげるの」といっては、Sさんのもとに運んでいく。

十三　よく生きたね

Eさん（四四歳、男性）

（1）一四年間、近所の病院に入院して

Eさんは一九六八（昭和四十三）年生まれで、一九歳頃から精神科病院への入退院がはじまった。軽度の知的障害がある、統合失調症という診断名だった。都立工業高校を中退後、家の仕事である電器屋を手伝っていた。一九八六（昭和六十一）年頃、統合失調症を発症。今回は六回目のA病院の入院で、一九九三（平成五）年から一四年間になっていた。不安が強く、時々暴力的になり、男性看護師を殴ってしまうことさえあった。大変疲れやすい人だった。集団の中にただ座っていることが難しく、隔離室から三〇分だけホールに出してもらって、ただグループのそばにいるという練習を課せられていたこともある。

実家はA病院から車で行けば三〇分ほどのところにあった。家族は両親と兄がいる。兄は実家でひきこもりをしている様子だった。すでに電器屋は廃業していて、アパートの賃料が家族の主な収入だった。一番面倒をみてくれる母親への暴力があったこと、家族間に思い込みが深く、実家に退院するよりも、グループホームかアパート単身自立のほうが適切であると考えられた。A

病院からバスと徒歩で四〇分ほど行ったところに病院が設置運営しているSグループホームがあり、そこへ退院することになり、くれよんらいふの私たちが地域福祉権利擁護事業（現・日常生活支援事業）の事業者としてかかわることになったのは二〇〇七年のことだった。Eさんの生活資金は、ご家族が貯めておいてくれたEさんの障害者基礎年金一級の貯金だった。

（2）グループホームでの生活

くれよんらいふの専門員として私は、一週間に二回、退院先のSグループホームへ支援をしに通った。概ね支援の内容は、本人の相談にのること、一緒に近くのゆうちょ銀行へグループホームに収める利用料や本人が管理する生活費を下しに行くこと、本人と他の利用者とのつなぎ役をすることだった。本来は週一日の支援する契約だった。しかもそれは、A病院のデイケアに参加した帰りに私の支援を受けることになっていた。しかし、週三日はデイケアに来る計画のはずが、Sグループホームにいた一〇カ月ほどの間にEさんがデイケアに参加したのは二回程度、時間数でいえば三時間程度だった。Eさんが好きなソフトボールに参加したぐらいだ。これではデイケア参加後に生活支援をするのは難しかった。加えてEさんは生活費を持つとすぐさま全部使ってしまうので、支援の日数を週二日にし、こまめに少額を下すことにした。

Eさんは Sグループホームを大変気に入っていた。食事は宅配弁当をとった。しかし配達するとすぐ夕食と朝食を一緒に食べてしまっていた。小腹がすくと、コンビニで菓子パンを買ったりして食べた。タバコの本数も結構多かったので、「お金の貸し借りは禁止」となっていたにもかかわらず、Eさんは他の利用者から二〇〇円、三〇〇円という小銭を借りることが多くなった。借りるというより「たかられる」という心象を利用者は抱くようになってしまった。

「こんないいところに住んだことがない」とEさんは喜んでいた。実際、タバココーナーで、みんなとともに背中を丸めて、笑顔でタバコを吸っているときは、実に満足そうであった。

受診もせず、二〇〇円、三〇〇円と借りることを他のメンバーらから「なぜ、Eさんだけそれが許されるの」とミーティングで抗議が出るようになった。「いったん再入院してもう一度生活を立て直そう」という方針が決まったのは、Sグループホームへ入所して一〇カ月ほどたったときだ。

その頃の私の記録。「グループホームの全体ミーティングには参加できている。朝は一番にタバココーナーにやってくる。そしてふらっと自室に帰るそうだ。スタッフと他のメンバーと一緒に作業所にケーキを食べに行った。ところが訪問先に着いてもEさんはタクシーから降りようとしなかったので、引きずり降したとのことだ。スタッフがEさんにかかりきりになってしまい、他のメンバーたちと散歩に行くことすら難しい日があるようだ。

最近は診察にすら行けていない。起こしてもタヌキ寝入りされてしまう。ご本人もどうしていいかわからないという。ケーキを食べに行ったときタクシーから降りなかったのは、ケーキ代は自己負担ということになっていたのに、所持金がなかったからとEさんはいっていた」。

（3）再入院

A病院に再入院した頃のピア生活支援員の記録である。「『ご本人と一緒でなければ、預金を引き出すことはできません』と郵便局の人にいわれ、Eさんと一緒に行くことにした。Eさんは腰痛を訴え前日から代理で引き出すよう希望していたので、事情を話すとむっつりと黙り込んでしまった。それを見ていた看護師が、少し声を荒げて注意すると、Eさんは『そんなに怒ることねえだろ！』と自室に引きこもってしまった。車イスでの同行を提案すると、いやいやながら一緒についいて来てくれた」。

（4）転院

Eさんは二〇一〇（平成二十二）年春、B病院へ転院となった。若い男性看護師Oさんへの暴力が主因だった。「新しい治療関係の中で、やり直してもらったほうがいい」というのがA病院の判断だったのだと思う。「どうせならば、A病院よりいいと評判の病院に転院させたい」とA病院の希望でB病院となったのだ。

B病院のC医師が担当医となった。C医師は医療刑務所での勤務の経験もあり、患者さんに対して厳しい面もあったが、誠実な人である。多くの医師が敬遠する運転免許に対する意見書や診断書も、患者さんからの要請を受けて書いてくれる。Eさんは「嫌いだ」といいながら、受診日やデイケアに休まず通院した。Eさんの父親はA病院の家族会にも、B病院の家族会にも出席した。

（5）一人暮らし

Eさんは四カ月ほどでB病院を退院した。B病院の近くの野路止めの用水路が流れる田園地帯にあるマンションに、B病院のワーカーの紹介で入居した。そして私営バスで毎日デイケアに通所した。二〇一〇年十月、生活保護申請。退院前の外泊訓練を繰り返していた頃のピア生活支援員Iさんの記録。

「今日は問題なく過ごせた。一日七〇〇円の生活は気の毒に思った。でもEさんは七〇〇円以内で買い物もできる。今日は笑顔が印象的だった。Eさんの部屋にベッドも入り、だいぶ部屋らしくなってきた。地域で暮らすことがとても大事なことだと思った。今日は携帯ラジオを聴いて過ごしていた。音楽が好きなようだ」

二〇一〇年十二月の、この年最後の支援の日のピア生活支援員の記録。

「十二月十四日にEさんは退院するそうだ。担当ワーカーのWさんと相談して、預金に余裕があるので、自転車、メガネ、腕時計を買うことになった。昨日は、外泊をしてゆっくりとアパートで過ごしたそうだ。尾崎豊のCDにも飽きてしまったので、ラジオを聴いていたそうだ。ゆうちょ銀行までEさんはタクシーで行きたがったが、歩いて行った。結構大変だった。でもこちら側が、いろいろ思い込んではいけないように感じた」

Eさんは時々B病院へ短期入院をした。そして埼玉県の一般病院に半年ほどの入院を二回した。埼玉県の病院に入院中は私たちの支援は途切れた。

(6) 引越し

二〇一一年、EさんはもっとB病院の近くにあるアパートへ引っ越した。明るい部屋で、Eさんはもとのマンションよりずっと気に入ったようだ。Eさんは毎日デイケアに通った。甘えをなくすことがB病院での支援目標の一つだった。B病院のデイケアのスタッフは、メンバーが無断で休むと連絡をとった。宅配弁当の業者の人々も、お弁当を食べてなかったりすると、B病院に連絡してくれた。

(7) 最後の支援

二〇一二年七月二十日、私たちの支援が最後となった日のピア生活支援員の記録だ。「雨の中、Eさんと加藤さんと三人で郵便局へ行った。Eさん自身でお金を下した。加藤さんが『病院に入金しておこう』といったので、もう一度病院に帰ることにしたが、Eさんは疲れた様子で、自分の家に帰りたがった。加藤さんが説得して、なんとか病院に着き、入金することができた。雨にぬれてしまったし、疲れ切った様子のEさんはソファでしばらく休んでいた。デイケアの職員にお願いして、Eさんはデイケアで休ませてもらうことになり、私たちはB病院を出た。Eさんはスマートフォンが少し欲しいかなあといっていた」。

Eさんは翌八月に、心不全で急逝してしまった。デイケアのお祭りの日に無断欠席だったので、午後、病院のスタッフがアパートを訪問すると、ベッドの近くで倒れているEさんを発見した。Eさんは前日、デイケアから帰って倒れたらしかった。

(8) よく生きたね

Eさんの父親は、A病院を訪ねて、Eさんの死を報告した。そしてピア生活支援員の記録にある「Eさんに声を荒げて注意した」F看護師に感謝している。「あなたのように普通に悪いことは悪い、良いことは良いと親身にいってくれる人のお陰で、Eは幸せだった」と。A病院の主治医は、B病院の主治医、担当ワーカー、そして父親に手紙を書いた。B病院の主治医は「よく生きたね」とEさんを労った。

十四　オモニとともに

Yさん（四五歳・女性）

(1) 在日朝鮮人三世

Yさんは在日朝鮮人三世である。一九七一（昭和四十六）年東京都生まれ。現在はC病院を退院し、実家で両親と暮らしている。Yさんは統合失調症だ。Yさんは鉄道事故で、両下肢と左上肢を切断し、身体障害者手帳一級を持つ。Yさんの母親（オモニ）は、日本で生まれ、生きてきた。父親（アボジ）も在日二世である。しかし日本政府は彼らに対して、あくまでも外国人として処遇してきたのである。

Yさんが C 病院へ入院したのは、一九九九（平成十一）年十月である。退院したのは二〇一一年十月だったから、一二年間の入院だった。Yさんが C 病院に入院した理由は、当時、車椅子利用者を入院させることができる設備がある精神科病院は稀少であり、当時の地区担当保健師がやっと見つけた病院が C 病院だったのだ。この地区担当保健師の紹介で、こらーるたいとうとつながったのである。

（2）身体障害は受け入れることができるけれど

C 病院は、入院後五年ほどすると、家族に「退院させるように」と促してきた。しかしオモニは「夫の介護があり、Yと夫の介護を私がやると、私がつぶれてしまう。しかもYと父親との関係は悪い。Yが鉄道事故にあったのは、父親に叱られて家から飛び出したところを電車に轢かれてしまった。またYは身体障害者への福祉サービスを利用することはよいが、これ以上精神障害者用の福祉サービスは使いたくないといっている」と繰り返し答えている。Yさん自身の本心は「オモニには迷惑をこれ以上かけたくはない。しかし私が重度の身体障害者であったために、あの障害者用住宅に入居することができたのだから、私は家に帰りたい」と思っていた。オモニはC病院へ毎週のように面会へ行った。オモニは「家よりも、ずっとC病院のほうが環境がいい。また自立訓練をして、C病院の周辺で自立生活を送ることができるようになるまで、面倒みてほしい」と考えていた様子だ。だから毎週面会に行く気持ちの中に、「退院させることは勘弁してください」という免罪符のようなものが含まれていたことは否めない。Yさんは二年間程度、国立のリハビリテーションセンターに在籍していたことがあり、そこで車の免許を取った。

オモニは、十代前半から働きどおしの人生だった。どんな困難も受け入れざるを得ない人生だったともいえる。そんなオモニにとって、頑張り屋のYさんがあたりまえのYさんであり、自発性が乏しいYさんの姿は受け入れ難いものであったかもしれない。「身体障害」は歴然とした事実としてあり、Yさんはそれを抱えながら、国立のリハビリテーションセンターに入所し、訓練を受ける強さを示した。東京都に障害年金で入れる、バリアフリーの障害者住宅を供給するサービスがあり、Yさんの家族は都営の障害者住宅に入居している。家賃は月四〇〇〇円程度である。翻って「精神障害」のほうはわかりにくかった。C病院が紹介してくれる精神障害者のためのリハビリテーション施設やグループホームも見学してみたが、どこにも車椅子で移動する人の姿はなかった。グループホームはどこも狭く、バリアだらけで、車椅子の人には対応できていなかった。「C病院が最も整備されているではないか」というのがオモニの率直な意見だった。

（3）オモニ任せ

Yさんは金銭を自分で管理したことがない。オモニ任せでやってきた。自分の家に退院したい。オモニは「自立しろ」というけれど、病院に入院したのは治療のためであり、自立訓練のためではない。しかしオモニは五人の子どもを育てあげ、まさに一家を支えてきたのであり、これ以上はオモニに負担をかけたくない。「私、退院できるとは、本当のところ思えないんです」と小さい声で、Yさんはよくいっていた。

Yさんが統合失調症を発症したのは、朝鮮学校の高等部一年生のときだ。幻聴があり、自閉的になった。次の年に鉄道事故で、両下肢、左上肢を切断した。その後、国立のリハビリテーションセンターに入所し、運転免許を取ったり、技能訓練を受けた。リハビリテーションセンター退所後は、自宅から近くの民間精神科病院のデイケアに一年近く通所した。当時は保健師活動も利用していて、自宅の近くのスーパーに、身綺麗にしたYさんがひとりで車椅子で買い物をする姿もよくあったそうだ。一九九九（平成十一）年十月に、精神症状悪化のため、C病院入院となった。二〇一一年当時、すでにアボジは七五歳を過ぎ、要介護でデイサービスを利用していた。オモニも七〇歳を越えていたが、掃除のパートに行っていた。アボジには年金がない。アボジは働きざかりの頃はトラック野郎で鳴らしたものだ。子煩悩のアボジは、鉄棒もブランコも、多摩川べりのわが家の庭に作ってくれた。Yさんが幼稚園のときには、Yさんの溌剌《はつらつ》さは幼稚園でも評判で、保母たちが「家庭でどんな教育をしているのか」と見に来たほどだった。アボジはどんなに働いても、日本では無年金者だった。アボジは年をとるとますます短気になった。ある時、オモニはYさんを抱えるように市役所に飛び込んで叫んだ。「主人の代わりに、私を使ってください！」こうやってはオモニはアボジが短気を起こして三カ月で辞めてしまった清掃の仕事に就いた。その時からオモニは、休まず働いて、「もう少しで月数万の年金が貰えるんです」と明るかった。心臓を悪くしていて通院中であっても、仕事は楽しい。逞しいオモニだ。

Yさんは、C病院に入院する以前、数年間医療中断し、ひきこもっていた。オモニが夢中で面倒をみてきた。そのオモニの姿が、周囲の人々を突き動かしてきた。それゆえに、Yさんがオモニ以外の社会的支援を利用して自立していくことが支援目標だった。Yさんの気持ちに寄り添いつつ、オモニ以外の人間として、親しみや信頼を築いていくことだ。そんな関係を築く者が複数名になるように、関係者同士が連携し合うことだった。

（4）退院支援

入院して一〇年。大きな変化はYさんにはなかった。疎通性の著しい低下が見られた。本人は決して認めなかったが、独り言や笑いが見られ、幻聴や妄想があるらしかった。しかしそれに支配されているようには見えなった。アパートへの退院や本人の希望どおり自宅への退院をするためには、訪問看護やヘルパーを利用できるようにしなければならない。少なくともリハビリテーション施設での訓練を経験したほうがいいが、本人が都立の精神障害者のリハビリテーションセンターの見学を拒否していた。「説得は無理」とA病院では考えていた。本人の希望はただ一つ「家に帰りたい」。C病院では現実的に可能な退院は本人の希望どおりにするしかないのではないかと考えはじめていた。

要介護2のアボジは起きているときも、着替えをするにもオモニの介護を必要とした。トイレも間に合わないことがよくあった。オモニにすれば、夫とYさんの面倒をみることは無理だ。若いYさんのほうに自立してほしかった。アボジのデイサービスの日が、オモニがパートに行ける日でもあり、オモニの収入はわずかではあるが、家計にとっては大きかった。

Yさんが在宅であった頃、精神科病院のデイケアにはオモニが連れていった。息子がラーメン屋を開店すると、オモニはそれを手伝ってやった。オモニがYさんの世話ができなくなると、Yさんは医療を中断してしまった。

Yさんは、退院支援にC病院のある町の自立生活センターMを利用することになった。二〇一〇年から約一年間であったが、Yさんは月一回のペースで、自立生活センターMの自立生活プログラムに参加した。自立生活センターMは無償で、女性の介助者を派遣してくれた。それもそのつど替わることなく、いつも若いSさんと決まっていた。代表のKさんもいつも同行してくれた。C病院の担当ワーカーも、概ね同行してくれた。こらーるたいとうからも私とピア生活支援員が参加した。自立生活センターMの方針で、公共交通機関を使うということになっていたので、C病院からいくつか電車を乗り換えて、買い物をしたり、自立生活センターMの自立生活訓練室に通ったり、車椅子が入ることができる代表のKさんお勧めのレストランで昼食をとったりした。

Yさんは苦手だった電動車椅子に乗ることになった。遠い道のりを、手動の車椅子では、とても無理だった。オモニも大抵、Yさんの自立生活プログラムに参加した。オモニの参加を促すことは、オモニ自身が障害者の自立について知り、理解するという意味が大きかった。A病院には他にも重複障害の人々が入院していて、日中、作業療法やデイケアに参加して、退院していく人々も多かった。Yさんは担当看護師が声かけをしても、ほとんどベッドで横たわっていた。

そんなYさんが、たとえ月一回でも、梅雨の日も、炎天下の日でも、木枯らしの日も、自立生活センターMの自立生活センターMとC病院の近くにアパートを見つけたことさえあった。一度は不動産屋を介して自立生活センターMとC病院の近くにアパートを見つけたことさえあった。担当看護師はそんなYさんの変化を喜んだ。Yさんにしたら、外出すること自体は大変楽しかったようだ。アパートは、結局、「実家のもう少し近いところでないとYさんが気の毒である」という、長兄の意見などがあり、借りることはなかった。

実家のある町の保健師や自立生活センターM、こら−るたいとう、C病院の医師やワーカー、そしてオモニ、Yさんで、C病院でケースカンファレンスを開いたことがあった。Yさんは「退院して行くべきところは自宅である」と強く主張した。オモニは「その気持ちはわかるけれど、アボジの調子は、時々病院に入院するほど重度化してきているので、他の退院先を考えてほしい」と繰り返した。

担当医師は、少なくともこら－るたいとうがかかわってから二名替わり、三人目の医師となっていた。Ｃ病院はよく担当医が替わることで有名だった。

「あの家は私が重度の障害者であったからこそ、入居できた障害者住宅だ。私が一二年間精神病院に入院している間に、アボジが障害者になったから、あそこでないと生きづらいという理由で私を退院させないのなら、アボジとオモニが兄や姉のところへ行ったらいい。私ひとりでもあそこで生きていきたい」というＹさんの強い態度に、オモニは驚き、嘆いた。「そんなＹに、どうしてなってしまったのか！」

自立生活センターＭが提示した自立生活支援計画を見たＣ病院の関係者は、「ハードルが高くて、とてもＹさんには無理だ」と判断した。苦労人の自立生活センターＭの代表Ｋさんは、「お母さんに無理をさせてはいけない。Ｙさん自身が時間をかけても、単身自立をめざすべきだ」という考えだった。私は、半信半疑だった。Ｙさんの主張もよく理解できたからである。患者さんが長く不在になると、家での居場所がなくなるという話はよくあることだ。特にＹさんの家は、Ｙさん家族がそこに入居したときに、Ｙさんが嬉しくて貼ったシールがそのままになっていた。「トイレ」「お風呂」という表示が可愛いキャラクターとともに印刷してあるシールだ。Ｙさんの家のトイレや風呂ならば、介助がなくてもＹさんは入ることができる。アボジは、オモニのいうとおり「外づらがいい」のかもしれないが、Ｙさんが外出・外泊で家に戻るたびに、小さな声だけれど、はっきりいってくれた。「ああ、お帰り。オモニは厳しいことというけれど、ここはおまえの家なんだから、ここへ戻っておいで」。

(5) 退院

二〇一一年、東日本大震災が起きた。震災直後、私は外泊するYさんとともに私鉄を使って自宅へ行った。静かな家でアボジが韓流ドラマをひとり見ていた。「オモニは?」「買い物へ行ったよ」。

オモニがいつものようにたくさん寿司とかお菓子とか果物を買ってきた。「食べてください」とどんどん勧めてくれた。そして料理上手の友人から教えてもらったのだと、鶏肉や野菜をさっぱりと塩味で煮込んだスープをたっぷりご馳走してくれた。昨日から煮込んでいたそうだ。オモニは料理上手だった。当然、C病院にいるYさんとは別人だった。自然な感じだ。空気感がまったく違うのだ。

同年五月頃、C病院は長期入院になっていた多くの患者さんの家族に、退院についての手紙を出した。「退院支援に協力しない場合は、転院していただく場合もありますので、ご了承ください」といった主旨のものだった。

Yさんが自宅へと退院したのは、この年の秋である。二〇一三年にはこらーるたいとうの支援は、多摩地域にある障害者団体へバトンタッチした。二〇一四年、Yさんは服薬中断のため、二カ月ほどC病院に入院している。C病院への同行支援は、二〇一一年退院後から、社会福祉協議会の介護タクシーとヘルパー派遣を利用している。

Yさんの兄弟は昨年の短期入院のときに、はじめてYさんが統合失調症であることとその病気の内容を知った。Yさんが統合失調症を発症して二五年間。何もかも、オモニがひとりで背負い、頑張ってきたYさんの家族。オモニに対する愛情はみんな同じで、その思いが家族をつないでいる。同時に強く確信したのは、Yさんのいわゆる病識のなさの原因は、オモニの精神病を否認する気持ちだということだった。

二〇一五年正月から、アボジが寝たきり状態になってしまった。オモニや兄弟から、Yさんは自宅から出て、他の住居を見つけてほしいと突きつけられている。グループホームAをあたったが、すでに二〇室全て入居済みということだった。他のグループホームもいくつかあたったが、断られてしまった。

いざとなると、Yさんは自宅でこのまま暮らしたいと強く主張した。私は悩む。「自宅への退院はない。アパート単身自立か、グループホームだよと諭し続けるべきだったのか」と。

ところが、二〇一七（平成二十九）年の五月、Yさんは実家からの自立を目指して兄たちの親身の協力を得て、こらーるたいとうの近くにアパートを見つけているところだ。アボジは亡くなり、オモニの認知症が顕著になってきたからだ。

十五　ひとりぼっちだけど、ひとりぼっちではない

Zさん（七三歳、男性）

（1）Zさんとの出会い

Zさんは厚生年金と生活保護を使って東京都板橋区で暮らしていた。しかし家賃の滞納でアパートを失った。その後は無料宿泊提供所で暮らしていた。Zさんは、お金を持つと持っている分はすぐに使ってしまう。「きちんと生活を立て直して、板橋区でまたアパートを借りたい」といいながら、今度は無料宿泊提供所の利用料を滞納してしまった。

板橋区の福祉事務所が生活保護を支給している。現在は施設入所中で福祉のワーカーが細やかに支援にやってきていたが、これ以上は困難なので金銭管理をやってほしいと、無料宿泊提供所の館長のHさんから、くれよんらいふに依頼があった。

Zさんははじめは、「なぜ、自分のお金を管理されなければいけないのか」と拒否的だったが、二〇一四年の暮れに同じ宿泊施設に入所していた人が、Zさんと同じような言葉を吐いて出ていった姿を見てから変化した。「あの人はたぶん死んでしまっただろう。自分はきちんと生活を立て直して、板橋区に戻りたい」と支援を希望するようになってきた。

（2）ホームレスの体験

Zさんは静岡県の焼津市近くで生まれた。中学校を卒業して上京し、調理の仕事を主にやって

きた。元気なときは都心の有名な蕎麦屋で十数年働いた。胃潰瘍を患ってからは、体力がなく仕事を続けることが困難になってしまった。何度も休暇をとるのは社長に申し訳ないと思い、Zさんは蕎麦屋を退職した。

Zさん自身が書いた作文には、Zさんの生活史が綴られていた。

「確か港区の蕎麦屋に二八歳から四六歳まで、一八年間仕事をしていました。けれど、お給料も安かったです。一九九一（平成三）年五月頃、神経性胃潰瘍になり、三カ月入院しました。それから仕事につけなくなりました。またお金がなく、ハローワークで仕事を探し、病院の配膳の仕事を、約三年間ほどしました。

その他、いろいろな仕事をしたけれど、長く続かなかった。今度もまた、この仕事だったら長く続くと思ったけれど約一年、それから会社が倒産、失業。それから、ホームレスの形になりました。

ホームレスの生活は、朝・昼・夕の食事はコンビニでパン・弁当などをもらったり、寝るときはビルの下などで生活しました。そうしていたら私の恩人、台東区のホームレス支援の会の人が、『施設がありますよ』と声をかけてくださいました。最初は私も不安だったけれど、支援の方と一緒に見学をして、やっと施設に入ることになりました。

ホームレスの生活は、今思うと辛い思い出でした。だから今ホームレスの方を見かけると『何とかしてあげたい』と思います。そしてもう一つ辛い経験。会社が倒産をしたとき、お金に困り、若いときに一七万円も借金しました。一件だけでなく、また一件、また一件と借り、結局返すのに二年から三年とかかり、返しました。

私もみんなと一緒に乗り越える力を持っているんだなあと思います。とてもいいこともあったりします。困っているときは『お互い様』。これからも助け合っていきたいと思います。本当にみなさん、ありがとうございます」。

(3) 働き者のZさん

Zさんには、二人の妹がいるが音信不通だった。両親はすでに亡くなっている。Zさんは結婚したことはなかった。Zさんは宿泊施設の近くの評判のよいクリニックに通院していた。病名は統合失調症だ。

「七〇歳までは働きたい。七〇歳を過ぎたら老人ホームでもいい」というのが、Zさんの口癖だった。

くれよんらいふで日常生活支援事業の支援を受けるようになると同時に、こらーるカフェにも通所するようになった。板橋区はすでに七〇歳近くであったZさんに「受け入れるところがあればいい」という考えで、就労継続支援B型の受給者証を発行してくれた。Zさんの出勤ぶりは極めて真面目だった。

Zさんは宿泊施設にいるときは、他の利用者さんと違い、いきいきしていて若やいで見えた。

しかし短気な面があり、若いスタッフに食ってかかる場面も見受けられた。こらーるたいとうにいるときは、「お金を持つとすぐ使ってしまう」、「なかなか仕事は難しい」としんみりと話した。真面目に他者と向き合うことができるし、どことなく愛嬌があり、メンバーからもスタッフからも親しまれた。

Zさんは、働いて家に帰っては寝るだけという生活を長くやってきた人だ。宿泊施設では他の入所者の在り方がZさんにとっては反面教師となり、Zさんの心境に変化をもたらした。こらーるたいとうで年下のメンバーやスタッフから励まされたり、Zさんの調理が得意であり勤勉であることが評価されたことが、さまざまな人々と交流したいという意欲をZさんに与えたようだ。宿泊施設と働く場こらーるカフェという居場所を得て、Zさんの心持ちは少しずつ穏やかになっていった。宿泊施設の館長は「Zさんのような人は、他にはいない」と評価し、スタッフはお弁当を持たせてくれた。Zさんたち入所者の髪をバリカンとハサミできれいに刈ってくれるスタッフもいた。

（4）わかっているけどやめられない

Zさんの苦労や、「わかっているけれどやめられない」人の弱さを理解すること、生活の立て直しに希望を抱いてもらうことが、支援目標だった。

「借金さえなければなあ」という愚痴が、ゴールが見えてくると、幾分軽めないい方になってきた。二〇一一年が暮れようとしていた頃だ。

二〇一二年になると、Zさんは「もうお金は自分で管理したい」と話すようになった。今後住むところについても、アパートかグループホームか、こらーるたいとうのメンバーから教えてもらった特別養護老人ホームかと考えるようになってきた。

ところがその頃、板橋区で住んでいたアパートの保証人を頼んでいた保証会社から、家賃の滞納分一六万円程度を返金するようにという督促状が届いたのである。Zさんは法テラスに相談に行った。法テラスの弁護士は、自己破産することを勧めた。しかしZさんは「こらーるカフェで頑張るから、何とか返したい。もう借金は嫌だ」と一年計画で返済することに決めたのだった。

次の住居は、こらーるたいとうのピアスタッフが教えた「精神障害者のグループホーム」がいいという。宿泊施設のあるW区では六五歳以上の人々は「介護保険の施設」と厳密に決められていたので入居できなかったが、こらーるたいとうのある墨田区では「受け入れる施設があれば、自立支援法の施設でもよい」といってくれたので、Zさんは墨田区にある精神障害者のグループホームに入居することができた。二〇一二年の十月のことだ。

二〇一三年五月頃はZさんにとって平穏な時間が流れていた。乳癌になりこらーるたいとうを退職したスタッフのTさんを思い、「自転車に乗っていたら、Tさんにすごく似ている人とすれ違った。Tさんいい人だったよなあ。早くよくなってさ、戻ってくるといいね」と、他者を思いやる言葉が自然に語られるようになってきた。その年の夏には、板橋区で住んでいたアパートの滞納金も見事に完済できた。

一方で油断したのか、止められていたアルコールを飲み、大量の鼻血で夜半に病院に担ぎ込まれるようなことも起きた。そして無事にグループホームに入居して一年になった頃だ。Zさんはこらーるたいとうの若いスタッフに次のように話したのだ。「ばれなきゃいいんだよ。タバコは部屋でも吸っているよ」。

決められた場所で喫煙するという簡単な、しかし極めて重要なルールに違反している。私はグループホームの所長に連絡を入れた。すぐに板橋区の福祉事務所の担当ワーカーもやって来た。グループホームの所長は、「グループホームに住まわせることはできないが、同じ運営団体がやっている墨田区にある無料宿泊提供所に住んでもらうことはできる」と提案してくれた。福祉事務祉所も所長も、「こらーるたいとうの近くがいいでしょう、Zさんは」と配慮してくれたのである。二〇一三年十一月、Zさんは墨田区にある無料宿泊提供所に引っ越した。

(5) 仲間

Zさんのことを、こらーるたいとうのメンバーのGさん、Rさんはよく面倒をみてくれている。Gさんは埼玉県秩父市にあるZさんの両親が眠る墓参に春、秋のお彼岸には同行してくれた。Rさんは下町の人らしく少々言葉は荒いが、エプロンをプレゼントして、身だしなみを気遣ってくれた。彼女たちはZさんが大好きなのだ。Zさんのほうも、彼女たちや幻聴のあるM青年を大好きだ。仲良しなのだ。

(6) Zさんの病気

そんなZさんに大きな変化が生じてきたのは、二〇一四年十二月頃だ。笑顔が少なくなり、歩き方が鈍くなった。貯金がなくなり、今までのように一日一〇〇〇円の小遣いは困難になり、一日五〇〇円に減額となった。Zさんは、タバコのことで迷惑をかけた元のグループホームであればこんなに利用料金がかからないので戻りたいと訴えるようになった。配慮や反省のないその言葉を、私は厳しく諌めた。様子の変化については、通院先の医師に相談した。すると「頻尿と独語をおさえるためにした注射の副作用であるパーキンソン症状だ」と教えてくれた。

二〇一五年四月。Zさんは肺癌の疑いが出て、港区の病院に検査入院をした。ある日の夕方、Zさんは検査結果の報告をしに、こらーるたいとうに来てくれた。「肺に腫瘍ができているから、一カ月入院だって」、「がっかりしたよ。これで老人ホームもだめになったよ」、「残ったタバコどうしようかなあ」。

この年の夏、猛暑続きの真っ最中、Zさんは港区の病院を退院して二カ月後、主治医も驚くほどの快復をみせた。「舞子さんを見たいなあ」とZさんがいうので、こらーるたいとうではこの十月に、奮発してZさんの希望を実現させた。私たちは二泊三日の京都旅行を十分楽しんだ。

Zさんはすっかり痩せた。しかし食欲は旺盛だ。こらーるカフェで働きながら、おしっこを漏らしてしまい、みんなにキャーキャーいわれる日もある。スタッフが気の毒がって「こらーるたいとうで『老い』についての勉強会をやろう」と提案してくれた。Zさんは、誰がなんといおうがタバコがやめられない。Zさんの認知症が確実に進んでいることは否定できない。いいことばかりではないけれど、Zさんは毎日通所してきてくれていて、味噌汁を作り、こまめに近所に買い物に行ってくれる。遅くまで、こらーるたいとうのソファに丸くなって、座っている。

十六　入院三七年。自立生活センターを利用して地域生活を送る　Tさん（六四歳、女性）

(1) Tさんの秘かな願い

なんだか、何もわからなくなってきた。家には帰りたくない。帰れないのかもしれない。だめ。わからない。妹はだんなさんがいるからだめだから。妹も絶対に帰ってくるなといっていた。怒鳴られたわけではなくて、注意されたのね。自分からいったの。〔自立生活センター（以下、CIL）代表の〕Mさんがいったのではないよ。先生も同じようなことをいった。妹は結婚しているからね。もう三五年間も別れて暮らしているしね。

妹には子どもはいないけれどね。今さら一緒に暮らせないっていわれたの。嫌だったけどね。

（2）日課

朝の介助者とプールに行く。八時三十分に出発する。朝ご飯を食べてからね。午後の十二時から五時までの介助者がいる。その人があちこち連れて行ってくれる。巣鴨のとげぬき地蔵にも行った。火曜日はまた別の介助さんが来てくれる。水曜日と木曜日に来てくれる介助さんもいる。

月曜日の五時からは（介護派遣をやっているところの）夕食会へ行く。この前はお好み焼きを作った。卵がだめなので入れないで作ってもらった。その夕食会には毎週五六人くらいくる。（近所の生活指導とかそういう人々もかなり参加してくるようだ）。事務所で食べるの。早く作って、早く帰ってくるの（介助を必要としている人々がいるので、なかなか一対一の支援はできない）。友だちはできた。私はKさんが好きなんだけど、Kさんは他の人が好きなの（Kさんは非常に素朴な人だそうだ）。ヘルパーさんのことは、誰のことも怒っていないよ。今のところは。何もじゃま者にしてないよ。「帰れ」、「帰ればいいでしょう」とはいったけど、ヘルパーさんとは仲良しだよ。

今もうまくいっている。よく怒られずにちゃんとやっているよ。でも一番若いヘルパーのBさん、ここまであった髪の毛、短く切っちゃったのね。もったいないよね。私も短いほうがいいけどね。暑いから、汗かきそうじゃない。

（3）病院のこと

病院の患者さんに知り合いの人が結構おごってくれたり、服を買ったりしてくれる。ＣＩＬの代表Ｍさんや先生は、そういう患者さん同士の貸し借りとか、おごったりすることはやめようねといっている。一方でたかってくる人もいる。お金をあげたりすることはよくないから、そういう人たちに出会うのが嫌で、そういう時には畑に行って作業する。

土曜日は十時半に病院に行って、それから畑に行く。畑でとれた野菜で、きゅうりもみを作ったりすることもある。

病院の畑では、ゴーヤやジャガイモ、トマトも一〇個ぐらい、ボールに一〇杯もとれちゃった。みんなに分けてあげて。いっぱいとれたからみんなで食べる。トマトは何もつけないでそのまま食べた。ジャガイモは茹でてバターをつけて。おいしかった。

（４）ヘルパーさん

ヘルパーさんは、いろんな人がみんな交代で一週間入ってくれる。今度は土曜日もヘルパーさんが入ってくれるから安心した。ご飯を作ってもらったりしている。あとはお仕事のお話とか、ちゃんと聞いてもらえることがあったり、優しくしてくれるときもあったり、いろいろつきあってくれる人が一番仲いい人だと思っている。つきあいたくないヘルパーさんは、私にあまり話しかけてくれないで、黙っている人。放っておかれるのが嫌なの。

（5）当事者スタッフWさん

当事者スタッフのWさんが、Tさんが退院してやって来た頃のことを語ってくれた。

「何か苦労したかなあ。同じ視線で一緒に何かをやるという位置に立たないといけなかったので、そこを工夫した。ただ、彼女ができる部分というのもたくさんあるので、どこまで手を貸していいのか、どこから自分でできる力があるのか、もっと活かしていかなければいけないのかという、そういうところでは日々考えた」。

Tさんとかかわったお陰で、たぶんTさんが利用している施設ともつながることができ、WさんはTさんを介して世界を広げることができたということは感じている。

「ここ（CILのこと）はいい意味でも悪い意味でも、現実と直面できる。社会とつながれるというか、そこには必ず一緒に同じ位置にいないといけないとは思う。社会とダイレクトにつながれるというところがある。モットーなのか、自然発生的にそうならざるを得ないというか、そんな感じ」。

Tさんは二六歳で病院に入院した。それから三五年間（Tさんは一回、二年程度退院し地域生活を送っていた）いろいろ生活が変わった。三五年をいざ埋めようとするといってもなかなか難しい。Tさんの中では妹は家族なのだけれど、妹が夫とともに住む実家にTさんは戻ることはできない。けれども実家をないものとして、スタートすることはできない。長い間の離れていた時間、空白を埋めることは私たちにはできない。だから今ここから始めていこう、そこから一個一個積み重ねて、日々重ねていくのだろう。Tさん自身の生活も、そこからきっとはじまっていくのだと思うので、出会ったところから積み重ねていくしかない。自分たちが小学生に戻れないのと同じようにTさんも決して昔に戻ることはできない。Tさん自身がそれを感じながら私たちとつきあっている。自分もそこを覚悟しながら一緒に歩いていけたらなと思う。

(6) おしゃれ

Tさんがこの二年間で大きく変化したのは髪の色（笑）。化粧も上達した。頬に真っ赤に頬紅をぬる「おてもやん」のような化粧ではなくなった（笑）。

再びTさん本人の話。「やだあ失礼しちゃうね。女性のほっぺは赤いという思い込みがあるのかな。私、髪を染めたいから、ヘルパーさんとパーマ屋さんへ行く。もう一〇個か八個シールがたまった。ヘルパーさんと日曜日に行く。この色は金髪ではないよ。赤茶に染めたの。色を変えてもらって、もうちょっと明るい色に染めてもらったの。髪が伸びたらこんな色になっちゃった。白髪になったみたいに見えるから、そういう時には早く行ったほうがいいの」。

(7) だんだん素になっていく

（再び当事者スタッフのWさんの話）だんだん素になっていっているのかね。最初は一生懸命頑張ろうとしていた。戸惑ったりもあるのでしょうけど、だんだん素になって。つきあう分にはそんな大変な感じはない。日々頭にきたりはするけれども（笑）。頭にくる時、私どうするだろう。「話したくありません」とかね。電話だったら「切るよ」といってみたり。でも寝ちゃうとお互いさらっとしている。内面変わった。ここで生活するんだなというのは、どこかではあると思う。そういうのはたまに感じられたりはするけど……。

（8）人の話を聞こう

（再びTさんの話）私、Wさんとは離れたいときもあるけれども、やっぱり怒っちゃうときもあるし、いろいろだと思ったりして、そういう考えを持っているの、私は。いろいろ話したいときもあるし。いろいろなことを話す。たまに私、怒るときがあるけどね。私が話したいなと思っているけど、私が先に話したことがないから。（CILの代表のMさんに）人の話を聞かないからと言って怒られる。私が先に口出ししちゃうから、それがやっぱり悪いと思うときもあるよ。そういうことがあるね。そういうことを私が悪いと思っているの。先にしゃべって、言っていることが、考えれば、私が悪いと思っているの。その辺のことを、それだけは言っておきたいなと思っている

（9）楽しみ

（第四木曜日に鎌倉に干物を仕入れに行っていることについて）魚買いたいもの。楽しみだ。

青梅のほうの川に行くのも楽しみにしている。（通所生活介助施設で）川へ行ったり、魚を買いにくの。秋川はきれいだった。楽しみだよ。

（Wさんの話）Tさんにやってほしいなということは、特にないといったら失礼かな。日々このままのTさんでいてくれれば、ずっとここにいてくれればいいなあなんて、単純だけど思う。

(10) くすりのこと

（再びTさんの話）大丈夫、入院しないから。先生に「だいぶよくしゃべれるようになったね」といわれたから。前は強かったのよ、薬が。夜は七錠飲んで、朝は六錠飲んでいる。寝る前は七錠。昼も飲んでいる。この薬合わないからもっと減らしてちょうだいといって減らしてもらったの。三回目、四回目で、まだ眠れるし。五回目はだめだといわれたけれども、減らしているの。薬飲んでいないと落ちつかないなと思っているけれども、減らしたらもっと落ちつくんじゃないかなとも思っているの。

(11) Tさんの暮らし

病院よりここのほうがいいね。薬が強いのかな、弱いのかな、薬が合わないいんじゃないかなと思ったりすることもあるけど。眠るのは眠れている。朝、お化粧したり、歯磨きもしたり。

今朝起きたら、私はおなかこわしていて、ヘルパーさん来たときに、パンツにウンコがたまっていて、布団がウンコだらけになったの。失敗しちゃった。それからファブリーズみたいなのをシュッシュッとまいてくれて。私もまだ臭いかなと思って、ヘルパーさんがやるのを見て、シュッシュとやったりして、一〇分置けばいい匂いするから。昨日の朝も、私パンツはこうかなと思ったらおしっこが出ちゃった。おしっこでびしょびしょだらけだったの。

（再び当事者スタッフのWさんの話）Tさんに、お餅は小さくしないでねって叱られたの。大根おろしつけて、確かに大きいほうがおいしいよね。

(12) 思い出

おいしいね。昔、家で餅つきやってたよ。こんな機械ぐるぐる回して。丸くできたのに粉をふって、それで餅をお団子みたいに丸めたり、四角にこうやって作ったり。お餅が乾いてから切る。お母さんがいたときだけ。機械がない頃は隣りのお友だちのうちでお餅つきをやったの。あんこ餅とか、きな粉餅とか作ってくれた。

大きいよ。実家って。マンションもあるし借家もあるしさ。あと大きい庭もあるよ。私はさ。小さいときはあんまりかまってもらえなかった。だって姉がいて、私二番目でしょう。私のこと全然考えてくれないし、妹もいたし。真ん中はなんで損するのかなと思っちゃった。

（三三歳で亡くなった姉のこと）私の面倒をみてくれた。お姉ちゃんが死んじゃったから、妹が跡取りになった。だから養子をもらったの。

（13）諦めるということ（CIL代表のMさん）

諦めてもらうというのは、いろんな意味で、ここで暮らしていくのだというふうに、ある部分覚悟を決めてもらうこと。病院というところは、いわゆる医療の患者として、生活の場ではないところで生きてきたTさんが、介助者と介助者の支援というか、介護を受け入れて生活するということ。生活の場をどう作っていくのかということ。Tさんが本当に主体的な生活なり、主体者として生きていくための術を、どうすれば獲得できるか、本当に手探りだ。そのことはTさんに限らず、私たちが生活していく上で、一番基本とすべきところだ。いわゆる自立という意味で。

Tさん自身のいっていたことだが、介護者とのつきあい方を見ている。携帯電話をパチパチやったり、別のことをやっていると、自分が疎外されているように感じ、かといってベタベタするのでもない、つかず離れず寄り添ってくれる介護者をすごく大切にしていると思う

私がCILやヘルパーステーションに取り組むのは、私自身の体験が基本だと思う。支援というか、それがあれば、どんな重度の障害をもっていても、生活できるということを実証したい。Tさんとのつき合いで一番難しかったことは、我慢するということをどう伝えるかということだった。やみくもに我慢しなさいということは、結局抑えるということにもなる。抑圧とかそういうことにもつながるし、かといって、我慢しなくていいという言葉は、人が生きていく上で基

本的な我慢という行為がない限り、人との生活というのはできないわけで、諦めるということも含めて、どう伝えていくか。諦めるって、言葉として非常に強い言葉だし、非常に怖い言葉でもある。単純に諦める、単純に我慢するということだけではない。なぜ我慢しなければいけないのか、なぜ諦めなければならないのか、諦めた先に何が希望としてあるのかということを伝えていきたい。

Tさんにも結婚してほしいなと素直に思っている。もちろんいいことばかりではないし、我慢することと多いし、やってみないとわからないしね。幸せになるかどうかは別だけれどね。

(14) 自立生活センターとしての役割（CIL代表Mさん）

CILとしては、制度的な部分での確立を目指しながら、足りない分はボランティアということではなく、必要なところは事務所が持ち出して二四時間介助を実現したりしている。行政とのつきあい方も難しい。たとえば防災関係で、市内の学校の避難場所を調査したいといったら、学校側から、外部の人に内部の情報を出したくないという理由で調査を断られた。市内全部の学校から、教育委員会から。実際いざとなったら大変な混乱の極みで、災害弱者がまた作られることになってしまうので、行政としてどう考えているのか、行政の果たす役割は大きいので、ぜひ取り組んでいきたい。

第2節　仲間の地域移行・地域定着支援にかかわって学んだこと

人を信頼する。人に依存する。それができる人々が退院していく。病院というシステムではなく、個人に依存することができる人々が、地域生活ができるのではないだろうか。しかし個人が見えないほうがいいという人々もいて、退院促進事業のようなシステムのほうが使いやすい人々もいる。しかし個人を信頼したり、依存するほうがいいという人々もいる。

医師にも同じことがいえそうだ。患者に甘いが、患者のことが結構好きで、雑談ができる医師もいる。一方、「この薬は効くか、効かないか」ということに強い関心を持つ医師もいる。後者のタイプの医師が多くなっているように私には思える。

「病院開放化」が提唱されていた時代、勤務中も時間外も、患者とかかわった医師や看護師がいた。「こんなに仕事は充実して楽しいものなのか」と働くスタッフを患者は信頼し、頼りにした。「開放化」は関係性が開放されるのだから、パートナーになるスタッフを患者が信頼し、頼ったことも当然のことだ。

しかしこの個人の生き方、志向性に依拠する方法は、他者に伝承することが難しいという難点がある。経済的にも難しい。また「事故が起こらないように」というのが最重要な課題になっていくと、ある面「普通の人間関係」を志向する「開放化」は行きづまる。患者同士で伝え合う生の情報は間違いや誤解も含んでいるが、「きれいごとはいわないだろう」というところで患者は信じる。たとえば「あそこのグループホームの利用料はそんなに安いのか」、「老人ホームでも、いいところもある」という感じで情報が届くと、患者の意識は変化する。患者の中の競争意識が刺激され「何、あの人ですら退院したのだから」みたいなことになると、「私も退院しなきゃあいけないのかしら」と、退院することが他人事ではなくなる。

病院で歳をとり七十歳代になってしまった患者さんがテレビで元ハンセン病の人々が里帰りしたというニュースを見ていて突然烈火のごとく叫んだことがあるそうだ。「私は家族のために、五〇年間、この病院にいたんですよ！　この病院で死んだからといって、結局郷里の墓に入ったら、私の五〇年間は無駄になってしまうじゃないですか！」と。現在、認知症となったその患者さんは馴染みのスタッフが挨拶しても、まったく反応を示すことはない。

「家族を守るために入院している」という患者さんは少なからずいる。最後の支えが「私は入院することによって、家族の役に立っている」という認識であるのならば、精神科病院に入院させるということは、その人の世界を根こそぎ奪うのだから、なんと残酷なことをしているのか。

統合失調症への理解がなぜこんなに歪んでしまったのだろう。ハンセン病の治療に関していえば、現在では小笠原登医師が高く評価されている。ハンセン病は感染力が弱いから在宅医療で十分であること、ただ偏見が強く非常に暮らし向きは厳しいことを小笠原登医師は特効薬プロミンが開発される前より強く認識していた。そのことをよく理解し、外来の医師であり続け、それ以上の権力を発揮しようとしなかったのが小笠原医師である。ハンセン病の隔離収容主義を一医師が支えたとは私はまったく考えていないが、光田健輔医師の存在が大変大きかったことは明らかなことだ。人間の弱さは、権威や権力に麻痺すると、貧困が病巣であり、感染力が弱い病気であることがわかっていても、「隔離収容」というパターナリズムのリーダーシップを担い続けてしまったのではないだろうか。光田医師自身がハンセン病療養所から解放されていなかったのであろう。

翻って統合失調症が辿った経緯を概観したい。第二次世界大戦に敗戦した日本で、日本国憲法が施行されたのは一九四七（昭和二十二）年であった。憲法十三条において「個人の尊重、生命、自由、幸福追求の権利の尊重の保障」が謳われた。GHQの指導の下で、精神障害者の医療保護の増進と国民の精神衛生の保持向上を広く推し進めるために精神衛生法が一九五〇（昭和二十五）年に制定された。精神衛生法によって「私宅監置」を認めず、病者を精神科病院以外では収容しないことが明確化されて、精神障害者は治療の対象者となった。しかし精神衛生法は「措置入院」という隔離強制収容を合法化した法律であった。一九六五（昭和四十）年の法改正で外来通院費の公費負担制度が導入された理由も、経済的負担から外来通院を中断した者が病状が悪化して事件を起こすことを防ぐためであるという治安的なものであった。また精神科病床の不足を解消するため国庫補助規定や医療金融公庫を創設したことから、精神衛生法の下で民間精神科病院が急速に増加していった。

一九五〇年代の後半になると、クロールプロマジンが向精神薬として導入されて、治療の中心は薬物療法に変わり、生活療法や作業療法やレクリエーション療法が普及した。それらの治療効果とともに海外の動向や社会情勢の変化に対応して、入院中心主義から転換して精神障害の発生予防、通院医療からアフターケアまで含めた地域精神衛生を進めるために、厚生省（現・厚生労働省）は精神衛生法の全面改正を準備した。

ところが一九六四（昭和三十九）年、ライシャワー駐日大使が精神科入院歴のある一九歳の青年に刺傷されるという事件が起きた。このライシャワー事件を引き金として、マスコミや世論は「危険な精神病者を野放しにするな」という社会防衛に急傾斜していった。また二〇〇一（平成一三）年、大阪教育大学附属池田小学校事件を契機に心身喪失者等医療観察法が成立した。このように不幸な事件を契機に精神障害者への隔離収容主義を強める歴史は繰り返されてきた。今また、相模原障害者殺傷事件の容疑者に措置入院歴があったという理由から、措置入院に特化した「厚生労働省相模原事件検討会報告書」が二〇一六（平成二十八）年十二月八日に公表された。そこでの検討内容は精神保健福祉法改正三年後の見直し（二〇一七年）に多大な影響を与えることが非常に危惧され不安である。このような隔離収容主義により、統合失調症の人々は社会と隔離されたところで人生を過ごすことが多かったために、一般市民の統合失調症に対する意識は歪んだものとなってしまった。

統合失調症の人にこそ、日常的なことをすぐに相談できる身近なホームドクターのような医師が必要なのである。「認知症」は遅かれ早かれみんなが通る過程である。アスペルガーも発達障害も「日本人の五人に一人程度はもっている」と厚労省が発表している。日常生活が乱れたり、無理や過労が重くなる、あるいは理解されていないという孤立感にさいなまれると、人間は精神的危機に陥いることが誰にでもあり得る。「人事ではない」という正しい認識をもつことが著しく遅れた統合失調症が辿った歴史を変える。障害者権利条約批准を大きなチャンスとしたいものだ。また体験者が語ること、その言葉を聴くことがますます重要になってきた。他者とつながる力をもつことが、変革には必須なのだ。

ハンセン病の歪みの歴史を正したきっかけは、諦めることなく、「私たちがされたことは、やっぱりおかしいよね」といい出した、鹿児島県の療養所にいた一人の元ハンセン病の人であった。彼は弁護士たちにも手紙を書いた。「何十年もかかってここまできてしまったことだから、『らい予防法』は違憲であったことを国に認めさせることも何十年もかかるだろう」という弁護士も多い中で、ある弁護士がいったそうだ。「三年間でなんとか解決できないのならば、我々の弁護士バッチは返上しなくてはならない」と。私はこの話を沖縄で聞いて、「変だなと思うことは諦めてはいけない」ということがよくわかった。

終章　尊厳あるいのちを支え合う――障害がもつ可能性

第1節　東日本大震災

一　東日本大震災

二〇一一（平成二十三）年三月十一日、東日本大震災が起きた。震災直後、被災地の多くがそうであったように、福島県いわき市内は無秩序な状態で、人々は右往左往した。行政は麻痺し、情報は混乱した。家族で生き延びるか、個人で生き延びるか。恒常機能はほとんどなかった。物資が入ってこない。食料品、医薬品がどんどん欠乏していく状態が、一週間くらい進行した。自助共助で生き延びるという時期が二～三カ月は続いた。

トラックがどんどんいわきから出て行った。避難していく車は数珠つなぎだけれど、北上してくる車はなかった。スーパーも三～四日過ぎると売るものがなかった。店員がいなかった。閉鎖している。町の中で、薬局、商店、クリニックが閉店した。病院はやっていない。市立の総合病院などの大きな病院がかろうじてやっていて、そこに患者さんが殺到した。

双葉郡から避難してきた人々には病気の人が少なくなかった。みんなが総合病院に殺到した。病院では待合室の長椅子に患者さんを寝かせるというような状態で、まるで野戦病院のような有様だった。看護師も避難したので、残った看護師で大勢の人々を看護した。泊まり込みで疲労困憊しながら、三～四日は頑張った。大混乱の時期だった。

ガソリンの欠乏が大きな問題だった。在宅生活の人々の介護・看護・医療が危なくなってきた。日増しに悪化していき、いつまで我慢すればいいのか見えない。どこまで悪化していくのか、いつになったらよくなるのか、誰にもわからなかった。

三四万人いた人口の半分は避難していった。人を支援する側の人々もやむを得ず避難していった。障害がある人々や患者さんの命にかかわる状態が生じてきた。医薬品も入ってこないということで、ここで生きていくのは厳しい環境になってきた。災害弱者といわれる人々にその現実は重くのしかかってきた。

双葉郡から大量の人々がいわきに南下してきて辿り着いた。北側にある小学校、中学校の体育館から埋まり始めて、いっぱいになると、「もっと南のほうへ行ってくれ」といわれ、中央台の小中学校の体育館なども避難所になった。行政が麻痺しているので、地域住民が自主的に毛布を持ち寄ったり、食料品を持ち込んだり、交通整理をやったりしていくというように避難者を受け入れていった。公助が麻痺しているので、共助で助け合うことでなんとか脱却することができた。

そのうちに行政も少しずつ復活した。そして自衛隊が入ってきた。そうしたところにだんだん肩代わりしていき、長期的には行政や自衛隊などの支援で避難者の生活がなんとか守られていった。

二　東日本大震災と障害がある人々

三日目に自衛隊が来た。断水していたので、給水車、食料の焚き出しと、自衛隊の力は大きかった。三日間生き延びるように備蓄などをすれば、あとは支援が入って来てくれる。だから最初の三日間をどう生き延びるかということが防災の大事なポイントだ。

原発事故で、双葉郡から人々が押し出されるように、あちこちにまとまって避難していった。西側の田村市の避難所に行くといっぱいなので、利用者・職員で数十人がバス何台かで移動していく。ここもいっぱいなので次へ行ってくれということで、転々としていくうちに、知的障害がある人が発作を起こして避難所で亡くなった。慣れない環境で発作を起こしたのだ。最後には千葉県の国民宿舎に、彼らは落ち着いたものの、そこも海の近くで、利用者の人が海に落ちて流されて亡くなった。

職員も減っていく中で利用者のケアを続けることはどこも大変だった。しかも職員は家族と別れ別れになるわけで、これも非常に大きな問題で、子どもたちからすれば父親は利用者をとって、自分たちを棄てたと思う。放射能汚染でみんなが不安の中にいる。父親が利用者と南下していってしまうと、取り残された家族は置いてきぼりになった気持ちになり、穏やかではない。さまざまな葛藤とか、引き裂かれる思いで職員も利用者と一緒に南下していった。

高齢者の施設でも、利用者と一緒に緊急だからといって、自分の家族とは連絡が取れず安否もわからないまま、職員は利用者と一緒に南下していった。家族のほうも情報が混乱していたので、父親の留守に避難していいのかどうかわからない。父親がいないと不安だということもあった。

いわき市内の施設も職員が通勤できない。ガソリンがないので、二時間歩いて帰ってくるという職員もいた。家族とともに避難した職員もいた。残った職員に負担がかかるということはわかっていても、やむを得ないと避難を決断した人もいた。医療・介護の職員は苦渋の決断をした。残る、避難する、いずれにしても苦渋の選択だった。

誰もが、このことに触れたがらない。そこに触れると避難して行った人は良心の呵責にさいなまれるし、残った人は避難した同僚を責めるようになってしまうかもしれない。その関係を蒸し返すようなことはしたくない。だからもう触れない。もういいという感じになっているが、そういう苦渋の選択が起きたことは、歴史の記憶に留めなくてはならない。

三　いわき自立生活センター

東日本震災後、いわき市で重度の障害をもつ人々の生活は厳しくなってきた。人命にかかわる事態だってあり得た。手をこまねいているわけにはいかないということで、いわき自立生活センターも避難所になった。しかしこのままではここも危険だと考えて、集団で避難することに決定した。全国自立生活センター協議会を通して、「五〇名分の避難先を探していること、そのためにはガソリンがないと行けないのでガソリンを送ってほしい」と全国に発信してもらった。東京都新宿区の戸山サンライズ（全国障害者総合福祉センター）に五〇名入れるという返事がきた。筋ジストロフィーの人、頸椎損傷の人もいたので医療機関の近くでなくてはならない。戸山サンライズの近くには、国際医療センターなど医療機関があり、しかも五〇名が一緒に避難できる。ガソリンもたくさん送られてきた。全国自立生活センター協議会のネットワークの力の機敏さには目を見張るものがあった。

一方で置き去りにされる障害者もいた。介助者が三月十四日頃に訪問すると、祖母と本人しか残っていない。その人は自分ではトイレも風呂も食事もできない人で、祖母もかなりの高齢者だった。手配して野戦病院のような病院に入院してもらった。

逆に、自分は足手まといになるから、自分を置いて、家族だけ逃げろといった人もいた。原発事故の映像を見て、恐怖にかられて、第一原発から、四五キロ。風が秒速三メートル、一時間で一〇キロ近づいてくる。風が南に吹いていると四時間半しかない。四五キロなんてあっという間だ。一刻一秒争って、みんな避難していった。

郡山、福島に避難してよかったと落ち着いたときに、雨、雪になって放射性物資が降り積もった。いわきにいればよかったと後悔した人々もいた。山を越えてはこないだろうという感覚。しかし放射性物質はそういうものとまったく違う動きをするものだった。

四　被災地支援ネットワーク

いわき自立生活センターの敷地に、五〇団体ほどで被災地支援のネットワークが設立された。そのうち五団体のNPOがそれぞれで出していた広報を、合同の情報誌で出そうということで、二〇一三（平成二十五）年六月から『一歩一報』という被災者・避難者向けの情報誌を発行している。情報も五倍になり、避難している人々がいろいろな情報に触れるチャンスが増える。また双葉郡の町に依頼して『町民だより』に折り込んでもらっている。

研修会で、中学生たちが次のような提案をした。もし福祉避難所に指定された中学校が近くにあったとして、どうしても障害がある人は遅れて到着する。健常者はどんどん支度して避難所に来て、壁ぎわとかコーナーとか、多少居心地のいいところを占領していく。遅れてしまった障害がある人、たとえば目の見えない人はどうしても壁をつたって歩きたいが、そこにはすでに先客がいる。するとどこに身を置いていいかわからなくなる。そういう時、電車のシルバーシートの考え方で、避難所はトイレの近くとか入り口の付近をシルバーシートとして指定する。健常者にはそれ以外のところにいてもらう。そうすれば後から来た障害がある人にもスペースが空いている。これから避難所訓練をやるとか、障害者と一緒に避難方法を考えるときには提案していこうとなった。

障害という意味では、防災を基本にして、福島の観光を楽しむということも非常に大切だ。被災地支援ネットワークでは、ユニバーサリズムで、いわき市のバリアフリーマップを作り、比較的設備の整っている宿とか、観光施設を載せたパンフレットを作成した。

被災者支援をやりながら、状況に合わせてたどり着いたのが、こういった災害弱者や障害がある人々のことだった。全盲の人の旅行のサポートをして、博物館に行き、実際に展示物にさわってもらうとか、車椅子の人々へ障害者としての防災の意識を認識してもらうという活動をはじめた。

五　支援の可能性を探る

避難所はそこを運営するリーダーによって大分差が開く。無法地帯みたいな場合もある。障害のある人が、避難生活を送れないと自ら判断して、自動車の中で何日間も過ごしたとか、諦めて自宅にいたという話も聞こえた。そういうことがないように、いわき市が障害者やその支援者の話を聞いてくれるようになった。民間がやろうが、行政がやろうが、お互いに関心を示し、理解し合わなければならない。

被災地支援ネットワークは、一年以上いわき市エリアから出ないで、周辺の仮設住宅の支援をしてきた。最近になって落ち着いてきたので、北海道の奥尻へ行き、神戸へ行き、過去に大きな災害があったところを見て、地域がどうやって立ち直っていくかを学ぶことができるようになった。

東日本大震災のような大きな災害が起きたとき、ありがたかったのは仲間がいるということだった。消防団の仲間、地域の仲間とかだ。普通は避難場所というと地域住民が自分の地域にある小学校や中学校に避難するのが一般的だ。しかし福島の場合は、双葉郡の人々が原発から避難して来たので、学校を避難所にすると地域社会が支えないことには成立しなかった。いわき市の学校の避難所に入った人々を受け入れ、地域がどういうサポートをするかどうかで、いかに避難所の内容が変わるかを経験した。南小学校の避難所に来たときは、最初に行った避難所は満杯だと断られ、次のところも断られ、ここが三カ所目だといっていた人もあった。

被災地支援ネットワークの人々は、はじめは津波に近いところの交通整理を行っていたが、その現場にはだんだん消防団員が集まってきたので、こんなに人数はいらないと思い、地元に戻ってきた。自動車が渋滞して、何台も何台もいわきのほうへ押し寄せてくる。樽葉町から逃げてきた人々だった。すぐに仲間と相談して、その日は夜までつきそい、樽葉町の消防団と協力して、革手袋を差し入れ、ガソリンを手配した。樽葉町の人々を支えれば、いずれはこの人々が自分たちの町の人々の面倒をみるだろう。

二～三日すると、自衛隊が来た。炊き出しが始まり、状況も少しよくなった。しかし水は三〇日間ほど出なかった。最初の一日、二日はどうにか高台にあるタンクが空になるまで出ていた。小さな沢から汲んできた水を、飲み水にはならないが、トイレの水に使ったりした。農村部の消防団の仲間から井戸水を何回も運んできてもらったりして、どうにかしのいだ。そのうち日本全国から給水車が来た。北海道からも沖縄からも、遠くからどんどん来てくれた。いわき中が断水だったのが、復旧するとその給水車は用がなくなるので、中央台に割り当てられた。最後まで水が出なかったいわき市には何十台もの給水車が集まった。最後は家の前で待っていると、給水車が届けてくれるような状況になった。このように最悪の状況から我慢すれば少しずつよくなるということも伝えていきたいものだ。

道路が寸断されたとか、福島の場合には放射線のことが正確に伝わらないので、ドライバーが嫌がって物資を届けないとか、トラブルがあったにもかかわらず、食べるもの、着るものが全国からどんどん送られてきた。とうとう溢れ返ってしまい、都市整備公団の駐車場を借りて、一〇トントラック二杯分ぐらいになった。被災した母親たちも選別を手伝ってくれた。中にはひどいものもあるので、チェックすることは必要だった。

一年間ぐらい、被災地ネットワークでは自分たちのやり方でできることをやっていた。そのうち外の団体の人々と情報をやりとりするとか、知らないことを教え合うとか、人数が足りないときは補い合うとか、仲間が集まってきて五団体ぐらいで簡単な助け合いがはじまった。二〇一二(平成二十四)年六月には一七団体となり、目指す方向が同じなのだからと、一緒に被災者支援に取り組もうと二〇一三年七月に被災地支援ネットワークは法人化された。

いわき市はハード面がかなり立ち遅れている。ハード面が整うのを待っていては、いつまでたってもできないので、もうやってしまおうと人間でカバーする。段差は全部人間が持ちあげる。

スロープがあるとかないとかいわないで、最初に心のバリアフリーをやったのである。よかったことは、応援する団体や人々がたくさんついてくれて、単発事業で終わらなかったことだ。それを可能にしたのは、来る者は拒まず、開かれた活動であったからだろう。東日本大震災のように大規模災害では、行政の力もうまく使わないとスピード感が削がれてしまう。対立の構図ではやっていけない。そして東北の外にいる私たちは常に被災地の声を、その現状を、気にかけていることが大切だ。

第2節　骨格提言の完全実現を求める大フォーラムの活動

一　骨格提言の完全実現を求める大フォーラム二〇一四

二〇一一年八月三十日。障がい者制度改革推進会議の総合福祉部会は一二二頁にわたる「障害者総合福祉法の骨格に関する総合福祉部会の提言」（「骨格提言」）を作った。

「骨格提言」では以下のことを提言している。①障害者が、平等で公平な生活を営む市民として、社会参加を実現するための総合福祉法であること、②人生のすべての場面において、必要な支援サービスを、すべての場面において、必要な支援サービスを、すべての障害者に保障すること、③支援サービスについて、地域間格差、障害種別間の格差の是正、④精神障害者の社会的入院、施設への隔離を解消し、家族介助への依存からの脱却を図り、地域生活を実現すること、⑤

本人の意志や希望に基づく支援サービスの提供システムの確立、⑥必要な支援サービスのための財源確保（一〇・三〇大フォーラム、二〇一四）。

日本国憲法の定める基本的人権、これは全ての国民が権利の主体となっている。そして障害者権利条約の精神も障害者は保護の対象ではなく、権利の主体である。そういう意味においても、「骨格提言」は、多くの障害者団体や障害者の当事者が参画して決めた提言である。この提言を実現することは、まさに日本国憲法、障害者権利条約の思想を現実に活かす、絶対に必要な提言である。

それを二〇一二年二月八日、厚生労働省はわずか四頁にしかならないペーパーを提出してきた。そしてそれに基づいて、障害者総合支援法を、障害者自立支援法と同じ公布日で出してきた。総合支援法は自立支援法の改定法なのだ。二〇〇九（平成二十一）年十月三十日に当時の厚生労働大臣だった長妻議員が「障害者自立支援法を廃止して新たな制度を作る」といった。また自立支援法違憲訴訟において、政府と自立支援法違憲訴訟団の間で交わされた基本合意で、障害者自立支援法を廃止して新法を作るということが明文化され、裁判の和解内容として確定されている。

ところが二〇一二年の社会保障制度改革推進法で、社会保障費を切り捨てていく。生活保護の制度を変えて、切り捨てていく。それを障害者総合支援法に関係した同じ党、民主党・自民党・公明党で作ってしまった。そうした動きに危機感をもった仲間が集結したのが「大フォーラム」である。「骨格提言」を完全に実現しなければならない。

障害者基本法・障害者総合支援法の改正、障害者差別解消法の制定を経て法制度が整備されたとして、二〇一三年、日本は障害者権利条約に批准した。ところが、社会保障制度改革推進法が成立し、生活保護の引き下げ、介護・医療の改悪法が成立して、介護保険の要支援1・2の通所と訪問サービスが介護保険給付から外された。

障害者政策委員会、これは障害者権利条約の履行状況を国内で監視する機関だが、その委員には知的障害者も精神障害者も入っていない。

『骨格提言』を実現することは、障害者が市民として地域社会の中で暮らし続けることを全面的に実現し、介助労働者の生活をも保障していくものである。また高齢者福祉制度の改革をも促す大きな力となると確信する」と行動計画のもとに、二〇一三年度から大フォーラムは実行委員会を結成して、日本弁護士会館で三百人を結集し、厚生労働省前行動を行った。そして二〇一四(平成二十六)年十月三十日には日比谷野外音楽堂に八七〇名が結集したのである。

これは丹念に実行委員会を積み重ね、賛同や理解を求める活動を日常的に行った結果だった。運動の連帯が「自立支援法」の応益負担を減額させ、日本政府に「障がい者制度改革」を約束させたのは、毎年十月三十日に行われた日比谷野外音楽堂での一万人を結集する取り組みの積み重ねであり、二〇〇八(平成二十)年から始まった「自立支援法」違憲訴訟の力だったという教訓がある。障害を理由にした差別や社会構造、サービスの分断、精神科病院や収容施設への隔離や拘禁、虐待に対して、障害の種別、障害のあるなし、立場性を超えて、連帯し闘っていくことを大フォーラムは指標している。二〇一四年は「私たち抜きに、私たちのことを決めるな！」というスローガンの下に、さまざまな困難について主張・提言をおこなった。テーマは、①精神障害の差別と隔離に抗して、②生活保護制度改悪に抗して、③ともに学び生活する学校を目指して、④介護保険優先適用と闘って、⑤障害者の生存を否定する出生前診断に反対する、⑥「尊厳死」法制化に反対する、⑦難病者の状況―病名により選別される福祉適用、医療費負担など、⑧女性障害者の状況、⑨介護労働者の思い、⑩知的障害者の施設での虐待問題、⑪原発被災と障害者、であった。

二　骨格提言の完全実現を求める大フォーラム二〇一六

二〇一六（平成二十八）年四月一日、障害者差別解消法が施行された。しかし法制度は定着をしていない。この年七月二十六日未明、神奈川県相模原市にある障害者施設「津久井やまゆり園」で、元職員の容疑者が侵入し、入所者一九名を死亡させ、二七名を負傷させる事件「相模原障害者殺傷事件」が起きたのである。

容疑者は、今年二月、「障害者は社会にとって不要な存在だ」とする手紙を衆議院議長あてに書いていた。「障害者はいなくなればいい」と周囲に話すなど障害者に対する歪んだ考えを持っていた。

「骨格提言」の完全実現を求める大フォーラムは、「自分たちも襲われないだろうか」、「周囲の人々も『障害者はいなくなればいい』と思っているのではないか」、「容疑者をなんの根拠もなく精神障害者と政府は決めつけている。自分も危険な人物として見られているのではないか」という障害者の思いを共有し、ともに不安を乗り超えようと「優生思想に断固反対し、ヘイトクライム（差別・暴力）を許さない『骨格提言』の実現を求める一〇・二七大フォーラム〔私たち抜きに、私たちのことを決めるな！〕」を、日比谷野外音楽堂で開催したのである。六百名を超える参加者があった。

知的障害がある人々、身体障害がある人々、難病の人々、福祉労働者・支援者の人々、マスコミの人々、自治体首長、国会議員等のさまざまな立場の人々が報告した。こらーるたいとうも精神障害の立場から報告することができた。

以下の二通が、その際の声明文である。

（1）津久井やまゆり園の仲間たちをみんなで応援しよう

NPOこらーるたいとう
工藤　恵

一、精神科病院に二五年間入院させられたこと

私の障害は知的障害と精神障害です。生まれた時は双子で、母の胎内で兄の下敷きになってしまって、兄と比べて大変小さく、未熟児だったそうです。

私は一五歳で精神科病院に入院させられました。精神科病院に二五年間も入院させられてしまった原因は家庭での児童虐待でした。この入院そのものが虐待だったと私は訴えたいです。二五年間、とてもつらかったです。

毎日が戦争のようでした。朝から晩まで「ケンカ」が絶えませんでした。人間の憎しみの世界でした。私には「病名」も「クスリの名前」も知らされていませんでした。クスリをのまないと三人の看護師が患者の口を無理にこじあけて、スプーンでクスリを強引に押し込むのです。そのとき、洋服が汚れても、着替えをさせてくれませんでした。また病棟のレクのカラオケでは、患者より看護師が歌ってしまい、楽しいレクではありませんでした。

私は眠れないと死にたくなりました。手首を切ったり、乾電池や洗剤をのんで、死のうと何度も試みました。

保護室には、看護師は一日にクスリをのませるとき、食事のとき、おやつのときしかやってきません。古い畳一畳ほどの狭さで、ふとんは汚れていました。トイレは一日に三回しか流してくれません。たとえ喉がモーレツに渇いていても、自由に水をのむことは許されませんでした。

副作用で、目がつりあがったり、からだがムズムズしたりすると、私は裸で廊下を走りました。苦しかったです。私は三五キロであった体重が、ストレスで六〇キロに太ってしまいました。点滴は一日三本で、一本の点滴は三〇分でした。これは心臓を圧迫して辛かったです。当時の医師からはお酒の臭いがしました。

二、単身アパート自立生活をおくって

二五年たったとき、病院は私を強制退院させました。母は私を新宿の身障センターに連れていき、「知的障害」の判定を受けさせました。母は今度は私を入所施設に入れようとしたのです。退院のとき、病院から渡された貯金通帳の残額はほとんどありませんでした。母が外国旅行などに使ってしまっていたのです。

幸い私の在宅生活は、自立生活センターが支援してくれました。実家に一週間もいられなかった私は家出をして、自立生活センターの所長さんやヘルパーさんに支えられて、アパート単身自立をよたよたしながらも始めることができました。支援費制度がはじまった頃のことです。今度使い始めた精神科病院では、入院すると毎日、主治医が面接をしてくれました。そして入院するとすぐに退院の準備が始まる病院でした。その後、週四日ヘルパーさんが来てくれる生活をしています。この一〇年間、休息入院もしていません。

そしてこの一〇年間、こら―るたいとうに通っています。わかちあいという名前のミーティングを毎日、仲間やスタッフとしています。そしてこら―るカフェの準備や営業をしたり、病院訪問活動、社会見学、イベントなどたくさんの経験を重ねています。私にとってこら―るたいとうは居場所であると同時に、学校のようないろいろなことが体験できる場所なのです。

三、津久井やまゆり園の仲間たちをみんなで応援しよう

私は多くのヘルパーさんやこらーるたいとうの仲間やスタッフとともに、楽しく、悔いのない人生を送りたいと思っています。津久井やまゆり園の仲間たちも、楽しく、悔いのない自立生活をおくってほしいと強く願っています。私もできることは応援したいですし、社会のみんなが応援してあげればいいなあと願っています。

（2）もう一度、支援費制度を見直そう……精神科病院も入所施設ももう嫌です。障害があるときも高齢者になっても楽しく、悔いのない人生を送りたい

ＮＰＯこらーるたいとう
加藤真規子

一、津久井やまゆり園の事件について

津久井やまゆり園の事件の容疑者は、その行動や主張は優生思想に基づく差別主義者であり、彼のような主張を受けとめる土壌が社会に根強く、広がっている。しかも容疑者を「精神保健福祉法の措置入院をさせ、一二日間で退院させた」ということが重要な問題となっているため、彼と同じカテゴリーに入ると思われている人間、すなわち精神障害者、精神科ユーザーの人々が周囲から危険視されていると感じ、勤務や通所ができなくなっているという事例も起きている。こらーるたいとうでも「所詮精神障害者ではないか。自殺に追い込んでやる」という幻聴に苦しめ

られている仲間もいる。アメリカ政府のコメントにあった「(今回の事件に接して) 嫌悪感を感じる」という言葉を、私自身二重に受けとめて苦しかった。一つは容疑者の障害者への差別意識への怒りや恐怖、今一つは「精神障害」にむけられた、つまり自分たちにむけられた「嫌悪感」のように感じて、苦しかった。この二つの感情を抱いたのは決して私だけではない。これらの感情は、大阪教育大学附属池田小学校児童殺傷事件を巧みに利用して、精神障害がある人々、精神科の治療を必要とする人々を弾圧する心神喪失者等医療観察法を施行した政府への恐怖がいまだ生々しい記憶・現実としてあるからだ。犯罪の防止に精神医療を利用しようとすることは断じてあってはならない。政府の動きを用心深く注視し続けなくてはならない。

二、二度と繰り返さないためにやるべきことは

世界の精神科病床のおよそ二割は日本にあるという。未だ日本における精神科病院入院者数は約三二万人と世界でも突出して多く、欧米では最高でも入院日数は六週間といわれる時代にあって、三二万人もの人々が精神科病院に入院しているという異常事態となっている。精神障害や知的障害がある人々に対する隔離収容主義がもたらした現実は、医療法の精神科特例を根拠とした、①劣悪な医療、②一般病床からの医療拒否、③地域社会における人間関係や役割からの排除であり、居場所がないという現実だ。何よりも深刻なことは、偏見や差別を正当化し、誤った社会認識を築きあげてしまったことだ。

津久井やまゆり園での事件は、明らかに悪質なヘイトクライムによる事件である。しかも容疑者の青年が、政府要人に送った手紙には、施設名も明らかにされ、殺人予告ともいえる内容が詳細に書かれているにもかかわらず、警察は威力業務妨害で逮捕せず、精神科へ措置入院させた。そしてこれだけの犠牲者を出しながら、どうして警察の判断はミスとして断罪されないのだろうか。このような事件が団地や商店街で起きた場合も、同様な態度を警察はとったのだろうか。私にはそうは思われないのだ。容疑者だけでなく、警察や行政の関係者の心にも障害者への偏見や差別が根強くあるのは明らかだ。警察庁は二〇一六年(平成二十八)九月二十九日、参議院議員会館内の会議室で「骨格提言の完全実現を求める大フォーラム」実行委員会がおこなった交渉の際、「威力業務妨害で逮捕せず、精神科へ措置入院させるという判断は、人権に配慮した判断であった」と答えているのである。殺傷された人々の顔が見えず、名前すらわからない。警察は「ご家族に配慮した」というけれど、その警察の初動の判断の結果は、極めて悲惨な事件につながってしまった。それゆえに私は、警察がいいのがれをいっているような気がしてならない。

今後このような事件をなくすために必要なことは、「ヘイトクライムは重大な犯罪なのだ」という認識を社会の側が強く認識することだ。そして今回の極めて残忍な事件を契機に、精神障害者施策の隔離収容主義や知的障害者施策の入所施設中心主義を大転換させることだ。障害者や高齢者の地域自立生活支援システムを本気で構築することこそ、こうしたヘイトクライムの犯罪をなくすために、最善の方法なのである。

三、いのちを選別することを合法化しようとする国の流れを止めよう

福島原発の事故の悲惨な現実に直面しながら、なお原発再稼動に積極的な政府、沖縄県に対する無情ともいえる差別的な行為、すなわち沖縄の民意を無視して名護市辺野古の新基地建設や東村高江のヘリパッド建設などを推し進める政府、これらは津久井やまゆり園事件の容疑者の思想につながっている。出生前診断、尊厳死法、いずれも優生思想に基づく法制度である。いまや、それらが一体となって、この国の法制度として成立しそうになっているのである。

四、本当の自立生活とは

私は一人の自立した人間であることを主張したい。そして私の「精神障害」の体験を大切に抱きしめたい。差別・偏見・法制度による社会的排除は、重大な人権侵害であることは明らかだ。全ての人々が排除することも排除されることもなくつながっている社会の実現こそ、何人にとっても自立生活の実現に相違ない。

第3節　病があっても人として生きたい
──「精神病」と「ハンセン病」を語る集いin沖縄

はじめに

病棟転換型居住系施設構想の提案者たちがいう「病棟で死ぬよりは住居に改造したもので患者さんを死なせてあげたい」という意見には人権意識も反省も思いやりもない。この人々が官僚であり医師であり、ソーシャルワーカーであるという。「倫理観」が重要な職業の人々がなぜこういう提案をするのかと、非常に残念だ。人生を根こぎにされた人々を、根こぎにしてしまった側の者たちが「精神科病院で死ね」ということに他ならない。年間一万人の人々が精神科病院入院中に死亡している。隔離されて、不衛生で狭い病室で、身体を動かし、太陽の陽をあびる時間も少なく、向精神薬を長く投与されていく。精神科だけを一般医療から排除してきた構造も改革しなくてはならない。精神病の治療のため精神科病院に入院した人々が、精神病以外の病気を患って年間一万人亡くなっていくという過酷な現実がある。

「危険な精神障害者は、地域社会を守るために隔離収容し、監視しなければならない」という考え方の下、わが国では精神障害者を社会から排除してきた。日本の精神科病院入院者数は約三一万人と世界でも突出している。中でも沖縄県では人口一三〇万あたり五四〇〇人と、その割合は全国平均の約二倍である。さらに障害者欠格条項（障害を理由にしてとれない資格や採用条件。

特に精神障害を理由にしたものが多い）の存在、偏ったマスコミ報道や再犯予測は成立するという前提の下での心神喪失者等医療観察法などの法律・制度による社会的差別・偏見の拡大、そして二〇一三年から起きた病棟転換型居住系施設構想の容認による長期入院の固定化をはかる動向など、精神障害がある人々に対する社会的障壁の存在はますます深刻な状況に向かっている。

精神保健福祉法が改正され、保護者制度が廃止された。しかし医療保護入院の在り方は、一層安直なものになってしまった。精神病の人々の入院は強制入院、閉鎖病棟への隔離拘禁が多い。道具、薬を使って拘禁していくわけだ。本人の療養のためではなく社会防衛のための隔離収容という意味では、以前のハンセン病とまったく同じである。百年以上前から続いているが、拍車をかけたのは、六〇年前に医療法の精神科特例ができてからだ。とても一般医療では考えられない安直の基準で、精神科病院が、東京都、京都府、大阪府を中心にたくさん作られた。戦後の復興期を経て、日本は昭和三十年代から高度成長期に入った。その時に統合失調症や双極性気分障害、うつ病になった人々は、精神科病院に入院させられた。そして人生のいろいろな経験や人間関係をつくることができないまま、一〇年どころが四〇年も入院させられたという人々もいる。このような人生被害者たちに誰が、どのように償うべきなのか。精神科の入院は隔離収容、拘禁がともなうことが多いので、本来は条件を厳しくして、隔離収容や拘禁する責任を明確にすべきである。

ハンセン病療養所も国の隔離収容政策の象徴だった。しかし一人の鹿児島県の当事者の発言から端を発して立ち上がったハンセン病の回復者の人々は、らい予防法が違憲であることを勝ち取った。病気は違っても、精神障害がある人々にとって大先輩である。ハンセン病の回復者の人々、ともに闘った弁護士たち、支援者の人々の胸を精神障害者が借り、交流の場を作りたいと探したところ、一般市民にも開放している療養所は、関西地方から西には沖縄愛楽園しかなかったのだ。だから精神保健福祉法の次の改正を見据えた、精神障害がある人々・家族や支援者・一般市民の声を集める集会は、二〇一三年十月の東京、二〇一四（平成二十六）年二月の大阪と重ね、とうとう沖縄まで来た。

ハンセン病回復者の金城幸子さんは、「うちの子、うちの子」という。若い人々と金城さんがふれあっている姿を見ると、まるで実の祖母と孫のようだ。一瞬、金城さんはなんとお孫さんの多い方なのだろうと思った。金城さんはよその子どもでも、どこの子でも、自分の子どものような親身な関係を作っていく。金城さんはどこでどういう教育を受けた人なのだろう。

金城さんはごく幼いときからハンセン病療養所で暮らし、邑久《おく》高等学校時代は長島愛生園で過ごし、また沖縄愛楽園に戻り、社会復帰を果たした。そして結婚し、三人の子どもを育てあげた。再発した金城さんは療養所に入所し、回復後、地域社会で暮らしている。精神障害がある人々が求めているのは、どんな時も地域社会で、一人の市民として生きていくことだ。さまざまな人々とつながり合って地域社会で生きていくことが、お互いに幸せであるに相違ない。「精神障害者自身に権利も責任も返して下さい」。精神障害がある人々の声、そして精神障害をめぐるさまざまな声を集める集会の基礎は、この願いにつきる。その願いにとって、沖縄愛楽園は一番相応しい会場であり、沖縄での集いによって、これからの道筋が見えてきたのである。

また沖縄県では「障害のある人もない人も共に暮らしやすい社会づくり条例（インクルーシブ社会条例）」が二〇一四年四月一日に施行された。

二〇一四年十一月二十八日。沖縄県の北部の離島の最も奥にある国立ハンセン病療養所「沖縄愛楽園」に二一〇名の人々が集まり、「病があっても人として生きたい――『精神病』と『ハンセン病』を語る集い in 沖縄」を開催することができた。

一　私の母は世界一勇気のある人でした――金城幸子さんの軌跡

シンポジウムのコーディネーターであったジャーナリストの山城紀子さんは次のように話している。

「取材現場に行っても書けない記事があった。それはまさに精神病であり、ハンセン病だった。大学教育まで受けたが、長年の教育がなんの役にも立たなかった。三〇年前、沖縄愛楽園に初めて来たときに感じた違和感。郵便局があり、教会があり、理容室があり、美容室がありという一つの村の姿。そして入所している人々は、鈴木さんとか田中さんという沖縄にはない名前。みんな集まって本土から大挙して沖縄の施設に入所させられたのかと思うほど、何も知らなかった。

精神障害者の取材に行ったときに、そのイベントの趣旨がわからなかったので、隣の人にその趣旨を訊ねたら、本当に立派な趣旨説明をしてくれた。その人がよもや精神障害者本人とはわからなかった。それは私の中にある無意識、精神障害者という人はちゃんと説明ができない人という思い込みとか、さまざまな子どもの頃からの刷り込みや思い込みが、ぎっしりとつまっていたのだと思う。

精神病、ハンセン病という病そのものに問題があるのではなく、病を見る私たちの目、そして法律、仕組みに大きな歪みがあったのだ」。

シンポジストの金城幸子さんは、ハンセン病の回復者だ。

「(今、この壇上にいて、私は) 沖縄のシーサーみたいになっている。本当に心臓が皆様の前に飛び出るのではないかと思うほど、ガタガタ震えているけれど、今日、こんなに素晴らしい集会ができたことを、心から皆さんに感謝したい。

精神病を病んでいる人たち、身体的な障害をもっている人たち、そしてハンセン病の人たち、いろんな課題をもっている人々が、この世の中には大勢いる。その人たちと気持ち、心をわかちあいながら、これからは手を取り合って仲良くできる世の中になればいい。

『ハンセン病であった私は幸せ』という本を書いた二〇〇七年当時、私は本当にみなさんと一心同体とでもいうのか、心も全てみなさんと一緒の気持ちになっていた。それはなぜかというと、私たち家族がかかわらなければならなかった『らい予防法違憲裁判』で、まったく血のつながりがない赤の他人の方たちの大きな支援を受けたから。裁判に勝ち、私たちの人権を取り戻すことができた。

私はその大きな支援をして下さった方々に、どんなお礼をしたらいいのかと、あの裁判のあとに考えた。それは必ずこの療養所から社会復帰して、堂々と胸を張ってみなさんと手をつないで生きることだと思った。

沖縄県内の子どもたちによる小・中・高校生による人権フォーラムという演劇がある。これを一二年前から続けている。四〇名ほどの子どもたち、その中には精神を病んでいる子ども、施設の子ども、両親に棄てられた子どももいる。その子どもたちが、エイズ、ハンセン病の演劇を通して、どんどん光り輝いて巣立っていく。その姿を見たときに、ああ、私もいつまでもくよくよしてはいけないなと思った。表に堂々と私が出ることによって、私と同じようなハンセン病で苦しんでいる、今も堂々とできない人たちのために、少しでも役立つことができるのではないかと、一生懸命二年間ほど考えた。そして、私は本当に心の底から、自分たちが今置かれている立場は国が認めたものであり、ハンセン病は治ったんだよと堂々と前向きに胸を張って生きていこうと思った。

これからは私たちの精神的な面が問われると思う。前に出て、障害がある方々、精神を病んでいる方々、その他のさまざまな方々に少しでも役に立てばと思い、私は『ハンセン病であった私は幸せ』を書いたのだった。」

金城幸子さんのお母さんはハンセン病だった。お母さんは療養所を逃走して、幸子さんを出産した。幸子さんは養父母が育ててくれた。お母さんは台湾のハンセン病療養所で若くして亡くなった。

「沖縄愛楽園に入れてもらえなかった私たち家族は、母が私を抱っこして、私の三歳違いの兄と、父の四人で台湾へ逃げた。台北市で一年間過ごした。ハンセン病にかかった父は働きながら、母は赤ん坊であった私、そして兄の面倒をみて、私たち家族は台北市の田舎で暮らした。大変貧しかった。私が一歳半の頃、兄と私は沖縄にいた祖母に預けられた。二度と母に会うことはできなかった。母は台湾の療養所に入れられた。弟も生まれたそうだが、一週間ほどで亡くなったそうだ。母は『私の子どもではない。あんた方の子どもだ』と同室の方々に叫びつつ、笑いながら、発狂してしまったそうだ。その部屋から病室に運ばれる担架の上で、母は息を引き取ったそうだ。二七歳だった。

『あなたのお母さんは、世界一勇気のあるお母さんだったんだよ。だから、あなたが生まれて、子や孫を抱くことができたのでしょう』とある方にいわれた途端、私は母に対して、本当に申し訳なかったと思った。母はよほど辛かったに違いない。

人間は捨てたものではない。苦しんでいる方々も、今日をバネして一歩一歩前進してください。私もどこかできっとまたみなさんの助けになればいい。ぜひ頑張って、一緒に生きていきたい。社会には障害とか貧困とかで弱い立場にいる人々が大勢いる。その人々の障害について一緒になって取り組んでいかなくてはいけない、そしてその先頭に立つのが、ハンセンの元患者さんなのではないかと裁判の中で強く思った。頭でっかちになると心を失ってしまうので、心も頭も一緒に取り組んで、若い方々につなげていけたらいいと思っている。」

二　これからの精神医療を展望して——精神科医　伊藤哲寛さん

医師の伊藤哲寛《てつひろ》さんは北海道から駆けつけてくれた。

「北海道を出てくるとき、雪が降っていた。沖縄は暑いぐらいですね。私は精神科医として約五十年間働いてきた。精神科医療の中で、自分がやれることには、非常に限界があるとつくづく感じながら五十年間働いてきた。ある程度自分が納得できる医療ができた場面もあったけれど、まだまだ挫折感があるのが実際だ。患者さんに言い訳をしながら、医療をしなければならない場面がある。そういう状況は今も続いている。そうした状況の中にあって、精神障害当事者のみなさんが非常に強くなってきている。

日本の精神医療は、非常に精神科病床が多い。他の国々が精神病床を減らしたとき、日本は逆に増やしてしまった。そして本人の意思によらない強制入院すなわち措置入院と医療保護入院が四三％を占めている。二〇一〇（平成二十二）年時点で、五年以上の入院者が四〇％以上いる。一年以上の入院者が二〇万人ぐらいいて、五万人は退院するが、毎年また五万人が入院してくる。しかしこの退院者五万人中、約一万人の方は死亡退院だ。

こういう状況に対して、国際的にもさまざまな批判がある。一つは、国連の拷問禁止委員会から二〇〇七（平成十九）年と二〇一三年の二度にわたり強制入院の在り方について、社会的入院について勧告を受けている。国連人権規約委員会からも同じような指摘を受けている。障害者権利条約に批准したので、障害者権利条約に照らし合わせて、日本の精神医療について国連に報告しなければならない。おそらく厳しい指摘を受けることになるだろう。

二〇〇四（平成十六）年精神保健医療福祉改革ビジョンで、一〇年間で七万人の社会的入院者を退院させようと決まった。しかし実際には減っていない。ＯＥＣＤ（経済協力開発機構）からもわが国の精神医療施策の立ち遅れは批判されている。

では本当に日本の精神病床を減らすことはできないのだろうか。私の経験では、今の精神医療の技術、スタッフの力量、そして当事者活動の充実、地域住民の受け入れもだんだんよくなってきている。欧米並みにはいかないにしろ、二分の一までは減らせるのではないだろうか。

北海道の十勝地域では、精神病床をどんどん減らすことができた。精神科病床が減ったかわりに、さまざまな社会資源がある。デイケア、市町村の福祉センター、ソーシャルクラブ、住居が四〇〇人分などだ。十勝の経験からいえば、市民や家族の協力がないから地域移行が進まないというのはいい訳にすぎない。患者が退院したがらないというのは病院側の思い込みだ。精神病床を二分の一減らしても、誰も困らない。そして地域の人々の精神障害への理解も十勝地域では広まったといえる。

今後の課題は、総合病院の精神科を充実させること、認知症の人々を絶対に精神科に入院させないで、できるだけ早く介護施設を利用したり、在宅介護にすること、精神科病床をこれ以上絶対に増やさないこと。そして退院支援から入院防止に力点を移すこと。退院、地域移行の問題から、むしろ入院させない方向へ持っていく時代になってきた。そうすることによって、さらに病床を削減できる。地域支援も充実していくだろう。

厚生労働省の検討会がつくった図は、病院敷地と地域の間に、地域生活を支えるための医療とか福祉資源をつくっていくという、精神当事者の視点を欠如した、病院中心の垂直型の発想ではないか。病院中心に患者さんを退院させ支えていこうという考え方だ。この発想だと病院というメディカルモデルに患者さんが取り込まれてしまうので、私はあまりよくない図だと批判している。恐らく垂直型のサービスは効率がよいのだろう。情報の流れもいい。安上がりに形の上で退院したという格好にできる。

しかし重大な欠陥がある。このシステムに取り込まれると、そのシステムの外でサービスが受けられなくなる。特に医療資源や福祉資源が少ない地方では、事業の独占が起こり、その病院だけが全てを、福祉から医療を全部覆い込んでしまう。サービス提供者の、つまり病院といっていいと思うが、一方的な穏健主義、ご都合主義に支配されてしまう。そういう危険がある。本来、福祉サービスというのは、地域で共有される住民の共通の資源だ。それが医師を中心としたヒエラルキーの中で閉ざされて、密室的なサービスになってしまう危険がある。精神障害の問題が地域住民全体の問題にはならない。病院に取り込まれたままなので、地域の問題として認識が深まらない。住民の理解が深まらない。当事者活動やボランティア活動のような市民活動的な草の根活動をやめてしまうと広がらない。そうした問題があることを特に強調しておきたい。

障害者制度改革推進会議で、障害者権利条約を批准するために、いくつかの法律、つまり改正障害者基本法、差別解消法、総合支援法等をつくって準備してきた。それをどうやって活動に活かしていくかが課題だ。大きな問題は、未だに精神障害者の医療が差別的な医療になっているということだ。医療法の精神科特例で、精神科医療はスタッフの数が少なくていいとか、精神障害者は原則としては一般病床に入れず、普通の内科とか外科に入れないことになっている。これを解決しないで、精神保健福祉法をいくら変えても、一番基盤にある医療法にある差別条項をとらない限り、本当の意味の改革にはならない。そのことだけははっきりと強調しておきたい。

精神保健福祉法が差別を許している一面があることは忘れないでおくべきだ。障害者権利条約を批准し、それに照らして精神障害者の医療や福祉の在り方が問われる時代が来ている。みなさんが精神障害当事者として、あるいは市民として精神障害の問題をこれからもどんどん取り上げていただきたいと願っている。今日のような会が盛大に開催されたことを本当に嬉しく思う。」

三　ハンセン病違憲訴訟と精神障害者からの相談活動にかかわって——弁護士　八尋光秀さん

ハンセン病違憲訴訟の弁護団としてハンセン病と、そして精神障害者の相談にも深くかかわってきた弁護士の八尋《やひろ》光秀さんは、なぜハンセン病と精神病という二つの問題にかかわってきたのか、この二つの病を見る法律や社会制度について、以下のように語っている。

「今日、ハンセン病と精神病という枠組みで、障害当事者やハンセン病回復者中心の実行委員会が主催して大会を開催するのは、私たちの国では初めてだろう。その場所に私も一五年ぶりに乗合バスに乗って来れたという非常に感慨深い思いをしている。ハンセン療養所に初めて一九九五年に足を踏み入れたとき、思った。精神病院よりいい。きれいで広くて、牢屋もないし、いいなあ。これなら精神病院よりいいじゃないか。その後、歴史であるとか、そこで人生を奪われた人たちの痛みの中からの告訴、そういうものを一人ひとりおうかがいするなかで、人間というものはそういうものではないのだということがわかり、訴訟をするということになった。

現在でも精神病院は、牢屋みたいなところがある。むきだしのトイレ、しかもトイレを流すのは外の人だ。布団をコンクリートみたいなところに敷いて、そこで寝る。窓は明かり取りが上のほうにあるだけ。四六時中監視されている。中に入るとすごい便臭がする。みんな気がつかないふりをしている。私には耐えられないぐらいの臭いだ。そういう隔離室に、昔は若い人々がいっぱいいたが、今は老人がオムツ一つで転がされている。そういう精神病院がある。私たちはこういう問題を何も知らない。少なくとも入院させた保護者の父親も母親も知らない。自分の子どもがそういう隔離室に一週間も二週間もひと月も入れられて過ごさなければならないということを知らない。

そういったところで、今も病気があるかも知れないけれど、たったひとりでコンクリートの寒々しい、そういった部屋で何日も何日も、いつ出られるかわからない状態で過ごさざるを得ない人たちがこの国に何十万人もいるのだ。病床三二万床のうち、一四万人もの人々が強制入院させられている。罪を犯して刑務所に強制的に入れられる人の一〇倍に近い数の人々が、毎年強制的に精神科病院に入れられている。

そういう現実と、私はハンセン病訴訟というものにかかわった。その中で、ハンセン病と精神病は全然違う病気だけれど、同じように人生を奪われていることを認識した。私たちの命というのはたった一度きりだ。そして偶然の中で展開していくのが命だ。段取りを決められて、時間を決められて、やることを決められて過ごしていく命なんて生きてないのも同じだ。

沖縄愛楽園に初めて来たとき、静かでいいところだな、うるさい餓鬼もいないし、なんでもあるし、療養するには最高のところだと思ってしまった。ところが六歳か七歳でこの療養所に入れられ、訳もわからずに遺体解剖承諾書にサインをさせられて、その日から名前も変えられて、お父さん、お母さんとも会えなくなる。そして一生をここで過ごす。遺体解剖承諾書にサインをするというのはそういうことだ。あなたは死ぬまでここを出ることはない。国のお金で生かされるのだから、解剖ぐらい承諾しろということだ。それは生きているということではない。

精神病の問題も同じだ。きちんと治るまで、社会に出てきても、みんなが困るだけだから、しっかり治るまで入院させておきたい。なんとなく社会の側は、精神病の人にそういっているようだ。治るのだろうか。治してどうするのか、一〇年かけて。私の依頼人は一〇年、二十代の後半から、だからもう三十代の後半になっている。毎回出たいと私に電話をかけてくる。私は何度も退院請求した。しかし、退院させない。人生のその期間に、精神病院の中だけで過ごさざるを得ない。そんなことをさせてどうするのだろう。なんのための医療なのか。福祉も医療も手段であり、目的ではない。私たちが生きていく、生きやすいための医療があり、福祉がある。精神病は治らない。だから精神障害というぐらいなのだから。

私はハンセン病の問題に取り組んで初めて気づいた。それまでは、精神科の強制入院の問題についてきちんと手続きを踏めばいいだろう、きちんとチェックさえすれば人権保障を考えれば強制入院もやむを得ない、そう思っていた。でも違った。らい予防法も感染の恐れがあるとされると強制入所させた。けれど私が療養所に行ったときに、感染の恐れがある人は一人もいなかった。療養所の人々は、ずっと病気だと思っていた。仮に病気であっても、感染の恐れなんかまったくなかった。

精神保健福祉法でも、強制入院は必要のある人に限っているけれど、みんな必要があるということになってしまう、精神病になったら。この人は病識がない、だから強制入院をさせなければならない。こういう理屈でどんどんいく。

ハンセン病療養所でも社会復帰施設というのを作ったことがある。全国一三療養所の中に中間施設を作った。しかしこれでは社会復帰は進むわけはない。社会の中に居場所をつくる。社会の中で安心して話せる時間を過ごせる場所をつくる。仲間をつくる。人と人とが話し合える場をつくる。これがないと誰も外には出られない。病気が治っても本当には出られない。二〇年間もつき合っていない、社会の人々と。

もともと精神疾患をもっているといわれる人たちは人づきあいが下手だ。社会関係障害や人間関係障害があるといわれる。そういう人たちだって偶然に出会って人間関係をつくる。その偶然の機会を全部奪って、一〇年も二〇年も精神病院の中に入れてよくなるはずがない。

今、ハンセン病問題と国が定義している。私たちの国でハンセン病問題というのは、長いこと患者隔離をしてきたことによって患者さんの人権を奪い、人生を損なわせたこと。そのことの回復ができていないという社会問題だ。そういった患者隔離をしてきた法律と政策によって被害を与えたことに対して国が謝罪して、その被害を回復させることがまだできてはいない。私たち国民一人ひとりが謝るのが足りない。補償するのが足りない。この療養所に住んでいる方々が安心して、どこででも、日本の社会の中で住めるようにしていない。これがハンセン病問題だ。

私はこの二つの問題をして、双子だなと思った。ハンセン病は感染症、精神病は精神病と、二つの病気はまったく違うものだ。しかし患者隔離によって、患者さんに人権被害を与え、さらにその人の人生を奪ってしまうという意味では同じだ。医師が悪いわけではない。医師に患者隔離をさせているのは法律であり、私たちなのだ。社会の人たちに差別や偏見を植え付けているのは法律だ。法律を変えないと何もできない。

そして法律を変えるためには、私たちは、今、差別をしている人たちと手を組むしかない。今、私たちは分断されて差別しているし、されている。そうした対立の形になっているけれど、医療を担っている人も、今差別している人も、偏見をもっている人も一人ひとり説得していって、きちんと伝えて、そして法律をきちんと変える。患者隔離はやめよう。全ての病気を地域の中でケアする。『人生被害』を与えるような長期の原則的な患者隔離なんかやめるということをみんなで取り組む。それが必要だ。一人ひとりの人間が生きていくためには必要なのだということを共通の理解にしていく。それが一番大切なことだと私は思っている。

基本的人権といっても西洋からきたわけではない。古くは仏陀の時代から、人間は劣らず、勝らず、等しからずというふうに、人間一人ひとり違う。違うことが前提だ。

その意味でいうと、今日集まっていただいているハンセン病のみなさん、精神障害がある人々、知的障害がある人々、身体障害がある人々、すべての人々が、希望が持てない絶望の中にいる人々の光となって、みなさんの背中を見て歩いていけばどうにかなる。そういう希望になるように、また私たちがお互いにそれを完全にバックアップし合えるようになっていけばいいと考える。私もいつか認知症になるだろう。ものごとを連続的に積み重ねるように考えることはできなくなる。その時に私がしてほしいことは、私が病を得る前にはどうだったか、今はできないけど、自分でやれたんだということをいってほしい。手伝ってほしいかどうかは自分で決めてくださいといってほしい。任せなさいといわれるのは辛い。

認知症になったら、本人はわからないことがわからないから、全然困っていない。困っているのは周囲の人々だ。その周囲の人々に（本人に対して）自分で決めなさいといい続けてほしい。そうすれば、私は少なくとも、人は認知症や精神病の人に優しく接することができるのではないかと思う。」

四　自立生活運動から「障害のある人もない人も共に暮らしやすい社会づくり条例」

——自立生活センターイルカ代表・新しい条例の会代表　長位鈴子さん

「私は一九六二（昭和三十八）年に名護で生まれた。生まれた当初から奇形、お腹から出てくる時から関節が曲がらず出てきたので、家族が私を育てていくなかで、常に家族や親族が集まる場では、祟りが来たね、みたいなことといわれてきて、私も自分のからだをすごくそういうふうに思っていたときがあった。誰かが誰かの『負』を背負わないといけないのかというふうに思わされてきた。

条例をつくるきっかけは医療ケアを必要とする仲間が地域に出てきた。実際にサービスを使おうとしたら支給決定の時間数が低く、市町村でその格差は大きかった。その人が住んでいるところは、一日に一〇時間しか出せないという支給決定がきて、私たちはそれを不服申し立てして、それで上がったのが〇・五から一かそこらだった。その説明の中で、決して法を犯しているわけではないので、これ以上にはできないということだった。

私は当時、東京とか都市部では二四時間受けられるサービスが、なぜ沖縄では受けられないのか、疑問を感じた。もう一つのきっかけは、内閣府に設置された障がい者制度改革推進担当室長（当時）の東《ひがし》俊裕さん（障害当事者、弁護士）から、『障害者の仲間たちは、サービスに埋もれていないだろうか。今、仲間が虐待されたとかさまざまなことが起こっている。そして今後国はもっと貧困になりサービスは削られるだろう。その時に、みんな生きていけるだろうか』と問われたことだ。

今の自分に満足していては、将来、子どもたちには何も残せないのではないかと危機感をもった。まず、日本国憲法や施策について学習しようということになった。危機感をもって条約、条例をきちんと読む。それを子どもたちにバトンタッチしていくことをしなければ。一〇年後、二〇年後、三〇年後に同じような思いをする沖縄県の子どもたちがあってはならない。

二〇一四年の四月から『障害のある人もない人も共に暮らしやすい社会づくり条例』ができた。それを周知していくとか通達とか各市町村ではやっているが、条例を理解し使っていくことがこれからの大きな課題だ。今やっているのは、解説本を作ることだ。誰でもが読みやすく、自分の命も他者の命も尊いということを理解し、元気になる本にしたいと思っている。

今、この場にいて、私はすごく動揺していて、落ちつかない。私は四年前から『ウツ』といわれていて、実際薬を服用しているので、ある意味、表に出るときは仮面を被っている。決して強くないし、家に帰ると涙が止まらない日もあって、『イルカ』の事務所にも行かないといけないとわかってはいても、まったく身体が動かないときもあるということを、ずっと隠しているつもりはないけれど、私の近くにいる人々はみんなそれがわかっていて、本当に『イルカ』というのはすごく優しいなあと思うのは、ある意味、放っておいてくれている。ちやほやせず、放っておいてくれているのだけれど、緊急時、薬をいっぱい飲みすぎたとかメールを送って寝ていると、夜中誰かが来てそばで寝ているようなことが何回もあって、そこにすごく助けられている。

私は精神病とは何をもって精神病というのかよくわからないけれど、その原因は人それぞれだと思う。解決したいけれど、解決できない。何からどういうふうに気をつけていいかがわからない。そういったことが今実際起こっていて、すごく今、私はここを飛び出していきたいくらい。

だから今回、この集会の話があったとき、私はどうしようかと思った。人は一人では生きられない。強くはなれない。でも一人で強くならなくてもいい。治ろう、治ろうとしなくても、いつかきっと誰かが一緒にいてくれたら、きっと解決できる時がくるかもって信じて、今は病院とかお医者さんたちと相談をしながら、クリニックに通っている。

身体障害者の人たちだって、子どもを持ち、育てていくなかで、そういった現状になっているお母さん、お父さんがすごく多くいる。私の目の前には、本当に今日、明日、この子を連れて死のうとか、もう育てていく自信ないとか、毎日そういう相談がくる。だからこの身体がはちきれそうというか、私一人では支えられないし、どうしようということも『ウツ』の原因の一つだと自分では思っている。本当は自分一人では解決しなくてもいいんだとわかってはいても、相談されたら寝ても覚めても、そのことが頭から離れない私がいる。

だから死ねない。天寿をまっとうして、一五〇歳まで生きたい。一五〇歳まで生きて、みんなに祝福されて、UFOが迎えにくる。そういう妄想をするとか、想像するというか、そういうものがないと、毎日毎日、現実社会だけを見ていたらとてもやっていられない。ということで妄想族を代表している。みんなに受けて、笑ってくれると、みんなと一体になる。

妄想をいかに使えるか、ひらめきを信じてやれば、できないと思ったことができる。みんな一人ひとり妄想でもまったく違う。人へのアプローチがまったく違う。妄想からヒントをもらう。妄想をいいことに使いたい。人を傷つけることに使うなといいたい。

私の人生は妄想できて、妄想で終わりそう。一五〇歳まで妄想を続けていきたい。」

五　コミュニケーションを取り合いながら、手を取り合って生きていこう

——那覇ピアサポートネットワーク・新しい条例の会副代表　新田宗哲さん

「私たち夫婦が結婚した一七年ほど前は、精神障害者自身が声をあげるということは、タブーだった。精神障害者というと、地域で生活できないような状況だった。僕は二〇〇一（平成十三）年に大阪で起きた池田小学校殺傷事件でのマスコミ報道のひどさに疑問を持ちました。『犯人は大量に服薬して、興奮して池田小学校の事件を起こした』ようなことをマスコミは書いたが、『薬は鎮静をさせる作用こそあれ、興奮するようなことはない』と僕はそれらの記事を批判した。そうしたら先生方も『そうだ』『そうだ』という感じでマスコミを批判し始めた。

僕らの結婚は周りに反対された。彼女は一歳下だが、自分では決められず、お母さんの意見がどうのこうのというので、『お前いくつになるんだ』と叱り飛ばしてやった。お母さんは『この子は何もできないよ。それでもいいのか』といった。『はい、いいです。僕が責任を持ちます』と。生活保護を受けての結婚だった。誰も呼ばないで、二人だけの結婚式だった。

どんどんみんなが声をあげてきた。随分よくなったと思う。今回のことも、各障害者別で動くのではなく障害者団体みんなが垣根を越えて、みんなで手をとり合って闘わないとだめだと思う。

僕は精神病は原因が解決すれば治ると思っている。だから精神病は病気ではなく、心の迷いだと思う。薬では心の迷いはとれない。薬中心ではなく、コミュニケーションで治していくことが

重要だ。それを進めてほしい。

患者会活動の人々にいいたいことは、勉強しなくてはいけないということだ。自分本位の生き方ではだめであり、周りと協力し合い、協調し合いながら生きていくということだ。

強制入院がどうしてこんなに多いのだろうか。状態が悪いとき、ピアカンセリングとか話を聞いてあげるというワンクッションが置ければ、強制入院を減らすことができるのではないか。」

（妻の新田ちえ子さんから）「私の精神病を治したのは夫、新田宗哲だ。彼の優しさで治った。その優しさというのは厳しさもあっての優しさだ。いろんなカウンセリングも学んで、私が夫から教えてもらったことは、料理をすることと買い出しだ。本当の社会人とふれ合うために、遠くのスーパーまで買い出しに行った。それから何度も何度も度重なるぶつかり合い。二人でケンカした。こうじゃない、ああじゃないと。そうしたら夫が人間にとって愛情が大切なこと、優しさが大切ということを教えてくれた。それで自分は料理を作ったり、ビーズを作ったり、夫のカウンセリングを受けることによって、考える力がついてきた。

それでももう疲れて死にたいなと思うこともあったのだけれど、病気のせいもあっただろうが、ぶつかり合いの中で私を救ってくれたのは、医者でもなく、ソーシャルワーカーでもなくて、一介の精神病患者の夫だった。

優しさのことだけれど、ハンセン病の元患者さんが、自分の心の垣根をとっぱらってくれたのは、劇を演じた子どもらの優しさだったというのを聞いたが、精神障害とかこの病も同じで、救ってくれるのは優しさとかぬくもりであったりする。ソーシャルワーカーだっていい。その患者さんに真剣に向かい合って、その人の悩みを聴いてくれたら、きっと助かっていくと思う。

健常者の人々にも、ギスギスしていたり、余裕のない人がいる。だからそういう人々にも、優しさで、労ることが大切だ。沖縄中、日本中に優しさが広がっていくといい。」

（再び新田宗哲さんが語る）「もともと福祉というものがあたりまえだった時代があったと思う。隣組という感じで、みんなで助け合って暮らしていくことが福祉だ。だから福祉という分野をわざわざつくったことは間違いであって、人間としてあたりまえに行う行為だと思う。」

結びにかえて――尊厳あるいのちを支え合う

「らい予防法」違憲国家賠償請求訴訟（ハンセン病）の判決が確定し、国はその違法性を認め、謝罪し、経済的支援策を打ち出した。しかし、新たに退所を望んだのはハンセン病療養所で暮らす人々の一割にも満たない、二〜三％に留まっている。

日本政府は、ハンセン病療養所にハンセン病に罹患した人々を強制的に隔離収容してきた。「らい予防法」は、一九九六（平成八）年四月一日に廃止となった。二〇〇一（平成十三）年五月十一日、「らい予防法」違憲国賠訴訟熊本判決は、歴代の厚生大臣と国会議員の不法行為責任を認めた。ハンセン病の患者さんを隔離収容してきた法律と政策は日本国憲法に違反していたものだった。そして厚生大臣も国会議員もこれを認めていたことに過失があるとされた。政府はこの判決を争わず確定させた。道義的、政治的な責任を越える法的責任を自ら認め、謝罪した。人間回復のための償いの政策を約束し、同じ過ちを二度と繰り返さないことを約束した。人間の誤った認識つまり偏見や差別で隔離収容主義の社会制度を容認し、ハンセン病の人々を社会的排除という人生被害者にしてしまったのは、私たちの社会そのものだということを、私たちは決して忘れてはならない。

翻って精神障害や知的障害がある人々について考えたい。障害概念や障害に対する認識、社会制度、人権意識は歴史の生成から創出される。わが国の精神医療保健福祉は、精神障害や知的障害がある人々に対して社会防衛と治安維持の思想、すなわち「危険な精神障害者は地域社会を守るために隔離収容し、監視しなければならない」という隔離収容主義を基盤として成立している。日本の精神障害や知的障害がある人々は、地域社会であたりまえに市民として暮らすことが極めて困難な歴史を歩んできたのだ。

さらに強制入院である措置入院や医療保護入院の根拠法となっている精神保健福祉法、医療法の中の精神科特例、さらに障害者欠格条項、再犯予測は成立するという前提の下に予防拘禁・隔離収容を規定した心神喪失者等医療観察法などの法律や制度に規定された差別の存在など、社会的差別・偏見も根強く、精神障害や知的障害がある人々が地域社会で生活していく上でも社会的障壁は極めて大きい。

ノーマライゼーションの思想は、障害がある人々が人間として尊ばれ、障害がない人々と同じ生活を営むことができるように社会のあり方を変えることである。

二〇〇六（平成十八）年年十二月、国連総会において障害者権利条約が採択された。そしてわが国も二〇一三年批准し、二〇一四（平成二十六）年に発効した。わが国の精神障害者施策の隔離収容主義や知的障害者施策の入所施設中心主義を変革させるために、障害者権利条約を梃《てこ》にして障害者の地域自立生活支援システムを構築することが可能となったのである。

三一万床という世界一の精神科病床の多さ、社会的入院者のことが社会問題となって久しい。しかも精神科病院に入院している人々が年に一万人亡くなっているのである。精神障害や知的障害がある人々を隔離拘禁し、差別的な低い基準で入院させてきたことも、地域社会にあっては数々の欠格条項で縛りつけてきたことも著しい人権侵害であり、憲法違反である。

豊かな社会をつくり出すために、私たちに求められることはなんだろう。高齢者、子ども、障害者などどんな人の基本的人権も保障する法制度をつくることであり、自由・平等・基本的人権の思想を実現することだ。そのためには、汗や恥をいっぱいかくこと、挫折や失敗を恐れずにチャレンジしていく勇気が必要である。

人間としての復権には、自分のこころを受け止め、他者とつながり、対話し、ともに歩む生き方が求められる。人間の自立には、ある意味依存することも含めて、信頼し、連帯する関係性が必要だ。社会的排除は、この意味においても重大な人権侵害であることは明らかだ。誰かを排除して成立する社会は決して豊かな社会とはいえない。さまざまな人々が排除することも排除されることもなくつながっている社会の実現こそ、私たちは願う。尊厳あるいのちを支え合う営みに参加していくことこそ、自立生活の実現ではないだろうか。私はこれからも多様性、平等性、対等性を志向して、ひきこもり・不登校・うつ病の体験者としてその体験を大切にして歩んでいきたい。

精神病は病である。しかしあまりにも長い間、日本においては「非医学的治療」「非医学的入院」の被害にさらされてきた。そして悲惨な現実に置き去りにされてきた。医学の専門性、保健の専門性、福祉の専門性を問うことも極めて重要なのではないだろうか。

憲法があり、障害者権利条約に批准し、改正障害者基本法、差別解消法、総合支援法と国内の法制度も整えた現在、憲法や障害者権利条約が示す自由・平等・基本的人権の思想を、精神病に罹患した人々、精神障害がある人々にこそ、享受してほしい。その実現は遠く困難な道程かもしれない。しかしその道のりの中央を、体験者の人々にこそ歩んでほしい。こらーるたいとうの私たちもその道程をともに歩み続けていきたい。

エールとは贈り合うものだ。私たちがA病院などに十年以上、病院訪問活動を継続することができたのも、多くの人々からエールをいただいてきたからだ。最後に二〇一五（平成二十七）年十二月のD病院での訪問活動の記録を記したい。そこで語られることは日常の生活の工夫であり、望むことは普通の日常生活を穏やかに送ることだ。

S：どうやって寒さをしのいでいるか、工夫を話そうよ。僕はヒートテックを着ている。僕の部屋には暖房がないので、すごく着込んでいる。

H：熱いコーヒーを淹れて飲む。お風呂を追い炊きして、熱くする。ズボンの下にタイツをはく。

K：猫がいる。猫は温かい。

M：朝の四時三十分に起きて、暖房を入れる。ゆずレモンなどを入れる。寒いとまた布団の中に入りたくなる。

H：湯豆腐に野菜をたくさん入れる。しまむらで洋服を買いたくなるね。

M：寒いと思ったら、とにかく布団にもぐるんだ。

S：Mさんの洋服、時代に追いついてきたね。

I：血液の流れをよくすることだね。『ためしてガッテン』（NHK）で、どこを温めるとよいかやっていたよ。

K：お風呂に二回入る。エアコンはあまり使わない。ホカロン貼って節約してる。

N：炬燵に入ってヌクヌクしているのがいい。

A：退院したら、炬燵で小説を大事に読みたい。

S：台所に立って、子どものために料理を作りたい。早く退院したい。

先ほどまで営んでいた日常を何人にも遮断されることなく、営々と営むことの幸福。誤っていたらやり直す謙虚さをもつこと。悩み苦しむときの伴走者。そうした生活の支えの一つが他者からのエールだろう。独りだけれど、一人ではない。私はルオーの「郊外のキリスト」が好きだ。冬の夜、労働者が住む町の路地に、子どもに寄り添うキリストがいる。厳しい生活を暗示しているが、深い信仰が描かれていてある種の明るさ、温かさがこころに沁みわたる。こうした何気ないものがいかに尊いか。何気ない人間関係がいかに宝物か。私は精神障害から学んだのである。

参考文献

朝比奈ミカ・北野誠一・玉木幸則編著（二〇一三）『障害者本人中心の相談支援とサービス等利用計画ハンドブック』ミネルヴァ書房。

粟津美穂（二〇〇六）『ディープ・ブルー――虐待を受けた子どもたちの成長と困難の記録』太郎次郎社エディタス。

岩田正美著（二〇〇〇）『ホームレス／現代社会／福祉国家――「生きていく場所」をめぐって』明石書店。

岩田正美・岡部卓・清水浩一編（二〇〇三）『社会福祉基礎シリーズ⑩公的扶助論「貧困問題とソーシャルワーク」』有斐閣。

岩田正美・西澤晃彦編（二〇〇五）『貧困と社会的排除――福祉社会を蝕むもの』ミネルヴァ書房。

岩倉洋子／上村英明／狐崎和己／新川志保子著（一九九四）『先住民族女性リゴベルタ・メンチュウの挑戦』岩波書店。

うてつあきこ（二〇〇九）『つながりゆるりと――小さな居場所「サロン・ド・カフェこもれび」の挑戦』自然食通信社。

内田博文（二〇一六）『再犯防止を掲げる刑事政策と医療観察法』心神喪失者等医療観察法をなくす会・国立武蔵病院（精神）強制・隔離入院施設問題を考える会・認定NPO大阪精神医療人権センター・心神喪失者等医療観察法（予防拘禁法）を許すな！ネットワーク。

NPOこらーるたいとう（二〇一三）『医療保護入院の改悪について――三年後の見直しを見据えて』二〇一三年十月二十八日集会資料。

NPOこらーるたいとう（二〇一四）『精神障害がある時もあたりまえに社会で暮したい――第二回大阪集会』二〇一四年二月一日集会資料。

NPOこらーるたいとう（二〇一四）『病があっても人として生きたい――『精神病』と『ハンセン病』を語る集い in 沖縄』二〇一四年十一月二十九日集会資料。

ＮＰＯこらーるたいとう（二〇一五）『精神障害にかかわる法制度の望む在り方を問う――精神保健福祉法、病棟転換型居住系施設、障害者虐待防止法』二〇一五年五月二十一日院内集会（於：参議院議員会館）資料。

大場則子（一九九三）『精神科看護への道――かかわりの可能性を求めて』医学書院。

岡村重夫（一九八三）『社会福祉原論』全国社会福祉協議会。

加藤真規子（二〇〇九）『精神障害のある人々の自立生活――当事者ソーシャルワーカーの可能性』現代書館。

加藤真規子（二〇一三）『こらーる物語――臆病者と呼ばれる勇気を持ちたい』ゆみる出版。

かわさきのハルモニ・ハラボジと結ぶ二〇〇〇人ネットワーク生活史聞き書き・編集委員会（二〇〇九）『在日コリアン女性二〇人の軌跡――国境を越え、私はこうして生きてきた』明石書店。

岸本寛史編（二〇〇二）『山中康裕著作集三巻「たましいと癒し」心理臨床の探究（一）』岩崎学術出版。

北野誠一（二〇一五）『ケアからエンパワーメントへ――人を支援することは意思決定を支援すること』ミネルヴァ書房。

桜井厚（二〇〇六）『境界文化のライフストーリー』せりか書房。

「骨格提言」の完全実現を求める大フォーラム実行委員会編（二〇一五）『「骨格提言」の完全実現を求める――私たち抜きに私たちのことを決めるな』「骨格提言」の完全実現を求める大フォーラム実行委員会。

シャピロ、ジョセフ・Ｐ著／秋山愛子訳（一九九九）『哀れみはいらない――全米障害者運動の軌跡』現代書館。

全国「精神病」者集団（二〇一四）『障害者虐待防止法は、病院と学校を通報義務の対象に――二〇一五年障害者虐待防止法見直しに向けて―』全国「精神病」者集団。

地域でくらすための東京ネットワーク『地域でくらすための勉強会 Part 2――津久井やまゆり園事件と東京の精神保健福祉の体験を語り合おう』二〇一七年一月二十八日資料。

竹端　寛（二〇一三）『権利擁護が支援を変える――セルフアドボカシーから虐待防止まで』現代書館。

中井久夫著（一九九一）『中井久夫著作集　第五巻　精神医学の経験「病者と社会」』岩崎学術出版社。

ニィリエ、ベンクト著／河東田博・橋本由紀子・杉田穏子訳（一九九八）『ノーマライゼーションの原理――普遍化と社会変革を求めて』現代書館。

花崎皋平（二〇一〇）『田中正造と民衆思想の継承』七つ森書館。

平岡公一・杉野昭博・所道彦・鎮目真人著（二〇一一）『社会福祉学』有斐閣。

病棟転換型居住系施設について考える会（二〇一六）二〇一六年十二月六日拡大YORIAI資料。

病棟転換型居住系施設について考える会主催（二〇一七）『こんどの精神保健福祉法［改正］案は絶対におかしい‼』

二〇一七年三月二十四日緊急院内集会資料。

藤野豊（二〇〇一）『「いのち」の近代史――「民族浄化」の名のもとに迫害されたハンセン病患者』かもがわ出版。

フレイレ、パウロ著／三砂ちづる訳（二〇一〇）『新訳被抑圧者の教育学』亜紀書房。

保苅　実（二〇〇四）『ラディカル・オーラル・ヒストリー――オーストラリア先住民アボリジニの歴史実践』御茶の水書房。

最上キクエ（一九九七）『保健婦が担った地域精神衛生活動――二〇年にわたるあゆみをふり返って』私家版。

森田ゆり（一九八九）『聖なる魂――現代アメリカ・インディアン指導者デニス・バンクスは語る』朝日新聞社。

森田ゆり（一九九八）『エンパワメントと人権――こころの力のみなもとへ』解放出版社。

八重樫信之（二〇一一）『輝いて生きる――ハンセン病国倍訴訟判決から一〇年』合同出版。

あとがき

二〇一六（平成二十八）年七月二十六日未明、神奈川県相模原市にある障害者施設「津久井やまゆり園」に、元職員のA被告が侵入し、入所者一九名を殺害し、二七名を負傷させた「相模原障害者殺傷事件」が起きた。A被告は、同年二月、「障害者は社会にとって不要な存在だ」とする手紙を衆議院議長宛に書いていた。「障害者はいなくなればいい」と周囲に話すなど障害者に対する歪んだ考えをもっていた。A被告はその行動や主張から、優生思想に基づく差別主義者といえるだろう。

けれども私は彼を断罪するだけでは、本当の問題は解決しないと考える。彼のような主張を受けとめる土壌が社会に根強く広がっているという事実と、そのような社会病理に真正面から取り組もうとしない社会や政治のあり様が本当の課題なのだ。

ところがA被告を「精神保健福祉法で措置入院をさせ、一二日間で退院させた」ということが最重要な問題として、相模原障害者殺傷事件の本質の代わりにすり替えられてしまった。事件二日後、安倍首相は、関係閣僚会議を開いて「措置入院のあり方を検討」するよう指示したのである。厚生労働省内に「検討会」が設置された。

事件後、A被告と同じカテゴリーに入ると思われている人間、すなわち精神障害者、精神科ユーザーの人々が周囲から危険視されていると感じ、勤務や通所ができなくなったという事例も起きていた。大阪教育大学附属池田小学校児童殺傷事件を巧みに利用して、精神障害がある人々、精神科の治療を必要とする人々を弾圧する心神喪失者等医療観察法を施行した政府への恐怖が、いまだ生々しい記憶・現実としてあった。それ故に、私たちは、相模原障害者殺傷事件の本質である「優生思想」「少数者へのヘイトクライム」に対し、様々な人々と連帯して闘ってきた。

A被告は「完全なる責任能力がある」として二〇一七年二月二十四日起訴されたにもかかわらず、二月二十八日、精神保健福祉法改正案が閣議決定され国会に上程された。改正案は相模原障害者殺傷事件のような事件の再発防止を改正趣旨としていた。多くの関連団体や野党から「精神医療保健福祉を治安目的の道具に使うべきではない」という批判が出て、厚生労働省は審議途中で改正趣旨の再発防止に関する文言を削除するという異例の事態が起きた。改正趣旨が削除されたにもかかわらず審議は続けられた。

改正案の主な問題点は、①精神医療を治安目的に利用することは絶対に許されない。患者と治療者との治療関係・信頼関係を根底から崩すからだ。「精神保健福祉法は精神障害者本人の利益を図るもの」という精神保健福祉法の根幹をも瓦解するものだ。②措置入院者が退院したあと、警察を含む行政機関等のネットワークによる監視下におこうとするもので、措置入院者の個人情報、プライバシーを著しく侵害する。③退院後の支援計画が作成されなければ退院できないということになりかねず、入院の長期化を招くことが危惧される。④退院後支援計画は本人抜きに作成することもできることとされており、本人主体の支援ではなく、保健所主導の監視ともいうべきものだ。⑤医療保護入院における市区町村長同意の復活が規定された。明らかに非自発的入院の減少を志向した二〇一三年の法改正と矛盾する。⑥社会的入院者の地域移行定着支援の促進についても何ら明記されていない。「精神障害にも対応した地域包括ケアシステムの構築に向けての入院需要および基盤整備量の目標」として厚生労働省は、「平成三十七年までに『重度かつ慢性に該当しない』長期入院精神障害者の地域移行を目指す」と明言している。これは「重度かつ慢性に該当する」精神障害者は一生精神科病院に入院させるということに他ならない。その人数は入院者の六割とも推定される。三二万人の精神科入院者のうち二〇万人が一年以上の入院となっており、年に一万人の患者が死亡しているというわが国の精神科医療の実態を放置する政府の極めて重大な責任のがれを断じて許してはならない。

こうした多くの精神障害者の人生といのちを切り捨てようとする政府の姿勢にこそ、相模原障害者殺傷事件の原因があるのではないだろうか。政府の動向は「精神障害者へのヘイトクライム」であり、A被告の犯罪は「知的障害者へのヘイトクラム」だ。今後このような事件をなくすために必要なことは、「ヘイトクライムは重大な犯罪なのだ」という認識を社会が強くもつことだ。そして精神障害者施策の隔離収容主義や知的障害者施策の入所施設中心主義を地域自立生活中心へ大転換させることだ。障害者や高齢者の地域自立生活支援システムを構築することこそ、こうしたヘイトクライムの犯罪をなくすために、最善の方法だ。誰もが生きやすい地域社会を創出したいものだ。

警察が介入する強制的な医療は、真の治療にはなりえない。患者の自尊心を根こぎにし、自殺してしまう人々が多いことは心神喪失者等医療観察法で明らかだ。相模原障害者殺傷事件の本質は、障害者へのヘイトクライムであり、優生思想であるにもかかわらず、政府はそれに真正面から取り組むことをせず、否むしろそれを利用して精神障害者への監視と隔離収容主義を強める暴挙にでたのが今回の改正案だ。なんとしても廃案にしたい。

私たちは全国の様々な人々と協力し合って、三月二十四日、四月二十五日に参議院議員会館にて緊急院内集会を開催した。並行して抗議の国会前座り込み、議員廻りを重ねた。厚生労働委員会が開かれるときは、傍聴を欠かさなかった。しかし五月十六日に参議院厚生労働委員会で強行採決され、翌十七日、参議院本会議で可決された。

六月八日、衆議院議員会館で緊急院内集会を開催した。二五〇名の人が参加してくれた。相模原障害者殺傷事件が起きた津久井やまゆり園の元家族会会長であり、ご子息が刺された被害者でもある尾野剛志さんが、「精神保健福祉法改正案には反対だ」とはっきり訴えて下さった。国会は六月十八日に閉会し、継続審議となった精神保健福祉法改正案は、秋の国会で、今度は衆議院で審議される。私たちはこの改悪案を廃案にすべく声をあげ、力を結集していきたい。

本書『社会的入院から地域へ――精神障害のある人々のピアサポート活動』を、精神障害がある人々の人間的復権を願って、私は書いてきた。こらーるたいとうの担い手たちの多くは、精神科病院での社会的入院の体験者や障害者虐待のサバイバーだ。彼ら／彼女たちと活動することでこころを耕して、世界を切り拓くことができた。人間としての復権には、自分のこころを受けとめ、他者と繋がり、対話し、ともに歩む生き方が求められる。人間の自立には、ある意味、依存することも含めて、信頼し、連帯する関係性が必要だ。人々と開かれた関係性を築き、地域社会に居場所を網の目のように編んでいく。

私は、今こそ、障害があるときも、人としての誇りをもち、生きがいを感じて暮らしていく「リカバリー」の概念を社会に広げていくことが、極めて大切だと考えている。この本は一言でいえば「精神障害」へのエールである。

長い間、見守って下さり、この本の発刊にご尽力くださった現代書館の小林律子さんに心より感謝申し上げたい。ありがとうございました。

二〇一七年　晩夏

加藤真規子

加藤真規子（かとう・まきこ）
一九五四年、埼玉県生まれ。東京都在住。
ひきこもり・不登校・うつの体験者。
特定非営利活動法人こらーるたいとう・代表、
DPI日本会議常任委員。
著書に『精神障害のある人々の自立生活――当事者ソーシャルワーカーの可能性』（現代書館）、『こらーる物語――臆病者と呼ばれる勇気を持ちたい』（ゆみる出版）。

社会的《しゃかいてき》入院《にゅういん》から地域《ちいき》へ
――精神障害《せいしんしょうがい》のある人々《ひとびと》のピアサポート活動《かつどう》

二〇一七年九月十五日　第一版第一刷発行

著　者　加藤真規子
発行者　菊地泰博
発行所　株式会社現代書館
東京都千代田区飯田橋三―二―五
郵便番号　102―0072
電　話　03（3221）1321
FAX　03（3262）5906
振　替　00120―3―83725

組　版　具羅夢
印刷所　平河工業社（本文）
東光印刷所（カバー）
製本所　積信堂
装　幀　奥冨佳津枝

校正協力・迎田睦子
 ISBN978-4-7684-3556-4
定価はカバーに表示してあります。乱丁・落丁本はおとりかえいたします。
http://www.gendaishokan.co.jp/

活字で利用できない方のための
テキストデータ請求券
『社会的入院から地域へ』